教师公文包
教师必备知识丛书

人才造就

王启砚　编

航空工业出版社
北　京

内 容 提 要

本书以教育为指导，收集了中外名人成才的故事，希望通过阅读此书达到培养人才的目的。人才对社会发展和企业发展都起着关键的作用，现今人才的紧缺，如何培养人才才是关键的问题所在。此书分别编写了人才造就、教育和成才，天才儿童、中外名人成功启示、八闽英才等章节，希望通过阅读受到启发，对完善教师水平提高自身修养，培养、教育人才的必备丛书。

本书针对中小学教师读者为主，对中小学教师提升自身素质和专业技能有所帮助。本书可作为教师培训教材，也适合图书馆收藏。

图书在版编目（CIP）数据

人才造就 / 王启砚编. -- 北京 : 航空工业出版社，2019.1（2022.3 重印）
ISBN 978-7-5165-1805-2

Ⅰ. ①人… Ⅱ. ①王… Ⅲ. ①名人—生平事迹—世界 Ⅳ. ①K811

中国版本图书馆CIP数据核字(2019)第000756号

人才造就
Rencai Zaojiu

航空工业出版社出版发行
（北京市朝阳区京顺路5号曙光大厦C座四层　100028）
发行部电话：010-85672663　010-85672683

永清县晔盛亚胶印有限公司印刷　全国各地新华书店经营
2019年1月第1版　2022年3月第2次印刷
开本：710×1000　1/16　印张：12　字数：183千字
印数：5001—11000　定价：36.00元

目　录

天才儿童

中外名人成功启示录

八闽英才

人才造就

人才是最可宝贵的
——古今中外名人谈人才

人才是至高无上的，人是整个世界——复杂的、有趣的、深刻的世界。

高尔基

最漂亮的聘礼就是才干。

巴尔扎克

天才总比美貌更能持久。

奥斯卡·王尔德

智慧和天才是推动世界前进的力量。

高尔基

干部是世界上所有宝贵的资本中最宝贵最有决定意义的资本。

斯大林

“天才”就是那些能够很轻松地做到别人只有经过长期刻苦努力才能做到的那些事的人。

苏珊·朗格

敢于冲撞命运才是天才。

雨　果

真有才能的人总是善良的，坦白的，爽直的，决不矜持。

巴尔扎克

大事不糊涂之谓才。

魏　源

衡人的尺度，不在职位的高下，而在成就的多少。

郭沫若

人的才能就在于使生活快乐，在于用灿烂的色彩，使他生活的阴暗的环境明亮起来。

伊巴涅斯

不是每一个文艺批评家都是天才，但是每一个天才却都是生成的文艺批评家。他自己身上就有测验一切规律的准绳。

莱　莘

所有的天才人物都是真理的创造者、斗士、传播者和殉难者。

尤里·邦达列夫

伟大的人并不是能够改变物质的人，而是能够改变自我的心境的人。

爱默森

才能是上帝赏赐的无价之宝——千万别毁了它。

果戈理

凡是有才能的人总会受到外在世界的压迫。

歌　德

人是一个初生的孩子，他的力量，就是生长的力量。

泰戈尔

一年之计，莫如树谷；十年之计，莫如树木；终身之计，莫如树人。

管　仲

得十良马，不如得一伯乐，得十利剑，不如得一欧冶。

桓　谭

为治之要，莫先用于人。

司马光

贤才，国之宝也。

朱元璋

才不称不可居其位，职不称不可食其禄。

三　豫

谁肯栽培木一章？黄泥亭子白茅堂。新蒲新柳三年大，便与儿孙作屋梁。

龚自珍

人才为政事之本，而学校尤为人才之本也。

颜　元

学校者人才所由出，人才者国势所由强；故泰西之强，强于学，非强于人也。

郑观应

窃惟古来世运之明晦，人才之盛衰，其表在政，其理在学。

张之洞

自强之道，以育人才为本；求才之道，尤宜以设立学校为先。

盛宣怀

儿童与国家之关系，十余年后，皆为成人，一国盛衰，有系于此，则欲寻求方术，有所振策，是为研究。

鲁　迅

天才不永远是天才，有时候他的可爱多于崇高，他在事物中感到和描绘的，美少于雅；他感受和使人感受的，激昂少于柔情。

狄德罗

有人说，人是一个“可教的动物”，这是一个不坏的定义。实际上，只有受过一种合适的教育之后，人才能成为一个人。

夸美纽斯

无论何种事业，如商业、政治，均不能与教育分离，无教育则无各种事业。

杜　威

天下不可一日而无政教，故学不可一日而亡于天下。

王安石

每一个真正显示了本领的杰出人物，即每一个成了社会力量的杰出人物，都是社会关系的产物。

普列汉诺夫

不才者进，则有才之路塞。

宋　祁

不用贤能而用资格不可取。

叶　适

江山代有人才出，各领风骚数百年。

赵　翼

人既尽其才，则百事俱举矣；百事举矣，则富引不足谋也。

孙中山

我们都企盼人人都能有闲去发展他的智慧与才能。

梁实秋

没有知识，没有人才，怎么上得去？

邓小平

勤敏是好运之母。

塞万提斯

有人问：写一首好诗，是靠天才呢？还是靠艺术？我的看法是：苦学而没有丰富的天才，有天才而没有训练，都归无用，两者应该相互为用，相互结合。

亚里士多德

一个人的经验是要在刻苦中得到的，也只有岁月的磨炼能够使它成熟。

莎士比亚

精神的浩瀚、想象的活跃、心灵的勤奋，就是天才。

狄德罗

我们的箴言始终是：无日不动笔；如果我有时让艺术之神瞌睡，也只为要使它醒后更兴奋。

贝多芬

修凿可以使道路平直，但只有崎岖的未经修凿的道路，才是天才的道路。

布莱克

我既没有天赋，也没有才华和气质，但我知道我有决心，决心和热情往往要比天赋、才华和气质更有力量。

邓　肯

我是个拙笨的学艺者，没有充分的天才，全凭苦学。

梅兰芳

天才也如此：他不能停止发展，不能懒散。

德拉克罗瓦

才能——它本身不就是痛苦吗？

托马斯·曼

天赋的伟大才智是一种个性极为敏锐的活动，对各种痛苦的受容性极高。

叔本华

才能不是天生的，可以任其自便的，而是要钻研艺术，请教良师，才会成才。

歌　德

天才就是这样，终身劳动，便成天才！　门捷列夫

才气就是长期的坚持不懈。

布　封

天才不是一切，要日积月累，持之以恒！

巴鲁兹金

天才是百分之一的灵感，百分之九十九的血汗。

爱迪生

要记住，历史上所有的伟大成就，都是由于战胜了看来是不可能的事情而取得的。

卓别林

所谓天才人物指的就是具有毅力的人、勤奋的人、入迷的人和忘我的人。

木村久一

一朵成功的花都是由许多苦雨、血泥和强烈的暴风雨的环境养成的。

冼星海

伟人也是普通的人，他们的伟大之处往往体现在其探索的品质以及探索未知的勇气上。

韦思·戴埃

正确的道路是这样，吸取你的前辈所做的一切，然后再往前走。

列夫·托尔斯泰

我们不怕幼稚，只要我们肯干，肯努力，总会有进步的。我始终相信——所谓天才，是由于不断的努力，而所谓“灵感”，是可以制造的。

张天翼

才华总是通过独立的（精神上的）活动才能长起来的。

车尔尼雪夫斯基

天生的能力必须借助于系统的知识。直觉能做的事很多，但是做不了一切，只有天才和科学结了婚才能得到好的效果。

斯宾塞

天赋仅给予一些种子，而不是既成的知识和德性。这些种子需要发展，而发展是必须借助于教育和教养才能达到的。

凯洛夫

天才，迫切需要没有烦忧的自由，他欢迎寂寞，闲暇是他最大的幸福。

叔本华

有人天生有智慧；但他们，就像生来富有的人们，由于忽视对财富的培植增益，由于欠上债务，可以变成乞丐，而且失去他的名声。

杨　格

人的智力是按照人如何学会改变自然界而发展的。

恩格斯

幸运女神的微笑永远只赐给那些经受了冷峻和寂寞的考验，最终获得成功的孤独之魂。

箱崎总一

玉经琢磨多成器，剑拔沉埋便倚天。

王定保

泥土和天才比，当然是不足齿数的，然而不是艰苦卓绝者，也怕不容易做；不过事在人为，比空等天赋的天才有把握。这一点，是泥土的伟大的地方，也是大有希望的地方。

鲁　迅

天才高的人如果懒惰成性，亦即不自努力以发展他的才能，则其成就也不会很大，有时反会不如天分比他低些的人。

茅　盾

有些人天资颇高而成就则平凡，他们好比有了本钱而没有做出大生意；有些人天资并不特异而成就则斐然可观，他们好比拿小本钱而做出大生意。这中间的差别就在努力与不努力了。

朱光潜

我不否认天地间常有杰出的天才，天才的进步也一定可以比凡才更快，但是反过来说，我却以为假如凡才的学习方法得当，他的成就也不一定会不及天才。

夏　衍

天才的作品是用眼泪灌溉的。

巴尔扎克

灵感，不过是“顽强地劳动而获得的奖赏”。

列　宾

在我的心目中，除了天才以外，勤劳要不是人类精神方面一个顶可爱的优点，那就干脆让我变成一个两鬓苍苍的丑八怪吧。

狄更斯

卓越的人一大优点是：在不利与艰难的遭遇里不折不挠。

贝多芬

逆境是达到真理的一条通路。

拜　伦

逆则生，顺则夭矣；逆则圣，顺则狂矣。草木不霜雪，则生意不固；人生不忧患，则智慧不成。

魏　源

那堆涌在船头的浪花，是送给逆流而上的花冠，是搏击时的勇气和力量的象征。

柯　蓝

焦虑与磨难才能使人耳聪目明，这是大家都懂的道理。

罗布莱斯

我要扼住命运的咽喉，它决不能使我完全屈服——噢！能把生命活上千百次真是多美！

贝多芬

一沉一浮会有时，弃我蟠然如脱履。

李　颀

患难可以试验一个人的品格；非常的境遇方才可以显出非常的气节；风平浪静的海面，所有的船只都可以并驱竞胜；命运的铁拳击中要害的时候，只有大勇大智的人才能够处之泰然。

莎士比亚

我的生活每况愈下，但它没有过错，因为我不仅没有跌倒，反而始终斗志昂扬。也就是说，生活中的每一次下降，并没有使我退回到出发点。

圣西门

岁寒，然后知松柏之后凋也。

孔　丘

文王拘而演《周易》；仲尼厄而作《春秋》；屈原放逐，乃赋《离骚》；左丘失明，厥有《国语》；孙子膑脚，兵法修列；不韦迁蜀，世传《吕览》；韩非囚秦，《说难》《孤愤》，诗三百篇，大抵贤圣发愤之所为作也。

司马迁

卓越的艺术成就只有用眼泪才能取得。谁不准备受折磨，谁就不会有信心。

安格尔

开发人类智力的矿藏是少不了需要由患难来促成的。要使火药发火就需要压力。

大仲马

歌唱的成功是站在一把长梯子的顶点，每一格都是重复的失败，我们在失败上面攀登上去以达到成功。

帕斯夸尔列夫

没有战胜过困难，没有负过重荷的人，不能成为真正的人。

苏霍姆林斯基

古今成大事业、大学问者，必经三种之境界；“昨夜西风凋碧树，独上高楼，望尽天涯路。”此第一境也。“衣带渐宽终不悔，为伊消得人憔悴。”此第二境也。“众里寻他千百度，蓦然回首，那人却在，灯火阑珊处。”此第三境也。

王国维

做一件事，无论大小，倘无恒心，是很不好的，而看一切太难，固然能使人无成，但若看得太容易，也能使事情无结果。

鲁　迅

多天的阴暗的牛栏虽然安静，但水牛却接受了春天的召唤，到泥泞中耕耘去了。

柯　蓝

只有不畏艰难、勤学苦练、勇于探索的文艺工作者，才能攀登上艺术的高峰。

邓小平

一个没有足够的禀赋将自己造就成为思想家的艺术家是不会有什么建树的。在我们的时代，单单有才能还无济于事。

车尔尼雪夫斯基

我愿意以天才比美德，以学问比财富。如美德越少的人，越需要财富，天才越低的人，越需要学问。

杨　格

才者，德之资也；德者，才之师之。

司马光

国家用人，当以德为本，才艺为末。

康　熙

蒙养之始，以德育为先。

康有为

德育实为完全人格之本。若无德，则虽体魄智力发达，适足助其恶，无益也。

蔡元培

我愿终身为民族社会尽力，并愿使自己成为社会所永久信赖的一个人。

梁漱溟

人民的心灵与天才作家的心灵相互沟通交流究竟能发出多少光明，那是任何人都预料不到的。人民的心与诗人的心互相结合，就成为蓄存文明的伏特电池。

雨　果

谁若认为自己是圣人，是埋没了天才，谁若与集体脱离，谁的命运就要悲哀。

奥斯特洛夫斯基

不论一个人怎样天才，但是集体总比他更聪明更健强。

奥斯特洛夫斯基

天才并不是自生自长在森林荒野的怪物，是由可以使天才生长的民众产生、长育出来的，所以没有这种民众，就没有天才。

鲁　迅

只有有天才的人才能发现天才的幼芽，发展这些幼芽，并善意地给予他们以必要的援助。

圣西门

爱惜才华吧，保护那些才华修美的人物吧。文明的民族啊，培养他们吧。

卢　梭

才华需要同情，需要有人了解。

陀思妥耶夫斯基

要使山谷肥沃，就得时常栽树，我们应该注意培养人才。

约里奥·居里

流言蜚语是无所不在的，否则世界便不成其为世界，千千万万的人会闲得发慌而像苍蝇一般大批大批死去。

陀思妥耶夫斯基

不应忌妒天才人物，就像不应忌妒太阳一样。

尤里·邦达列夫

人才哪得如金铜，长在泥沙不速朽。愿公爱土如爱尊，毋使埋渣嗟不偶。

袁 枚

所谓人能尽其才者，在教养有道，鼓励有方，任使得法也。夫人不能生而知之，必待学而后知，人不能皆好学，必待教而后学，故作之君，作之师，所以教养之也。

孙中山

中小学教师中也有人才，好的教师就是人才。要珍惜劳动，要珍惜人才，人才难得呀！

邓小平

人才难得又难知，就要爱惜人才，就要用人不疑。

周 扬

才华宛如一匹骏马，必须学会驾驭它，如果把缰绳乱拽，骏马也会变成劣马。

高尔基

任人之长，不强其短，任人之工，不强其拙。

晏 婴

天下之人，才德各殊，不可以一节取也。

司马光

不知人之短，不知人之长，不知人长中之短，不知人短中之长，则不可以用人。

魏　源

必须让有天才的人独立，而人类应当深刻地掌握一条真理，即人类要使有天才的人成为火炬，而不要让他们忙于私人利益，因为这种利益会降低他们的人格，使他们放弃真正的使命。

圣西门

才能是来自独创性。独创性是思维、观察、理解和判断的一种独特的方式。

莫泊桑

我看到很多人也是用这种眼光来衡量人才的：他们不敢使用一个真正有价值的人，光搜罗一帮无用的湖涂虫。

克雷洛夫

因为无能，才变得无用。

巴尔扎克

我劝天公重抖擞，不拘一格降人才。

龚自珍

如果是玫瑰，它总会开花的。

歌　德

既然干柴碰上烈火，火焰迟早就会爆发。

显克微支

一切真正的天才，都能够蔑视毁谤；他们天生的特长，使批评家不能信口开河。害怕大雨的，只不过是假花而已。

克雷洛夫

卓越的才能，如果没有机会就将失去价值。

拿破仑

庸人有了不满，只知呆坐呻吟，埋怨自己的境遇不佳。伟人则努力改造环境。

苏珊·格朗

天生我材必有用。

李　白

试金须烧三日满，辩才须待七年期。

白居易

天才总应该伴随着导向一个目标的、有头脑的、不间断的练习，没有这一点，甚至连最幸运的才能，也会无影无踪的消失。

德拉克罗瓦

天才永远存在于人民中间，就像火藏在燧石里一样，只有具备了条件，这种新的石头就能够发出火花来。

司汤达

人才知识

教师必备知识丛书

在日常生活中，人们虽然广泛使用“人才”这个概念，但是，对它的涵义，古往今来、国际国内都有各种不同的理解。

早在我国汉代《淮南子·齐给训》中就说：“夫先知远见，达视千里，人才之隆也”。东汉唯物主义哲学家王充也说：“人才高下，不能均国。”①东汉哲学家桓谭则喻人才为“前世俊士”，“乃国之大宝”，“虽积和璧，累夏璜，囊隋侯，箧夜光，未足喻。”②即人才就是比稀世的璧玉、宝珠还要珍贵。

近几年，关于人才的定义仍在讨论。有人以“才能”作为标准，认为才能较高或才能超常者为人才，有人以学历或职称为标准，认为大学毕业或是具有讲师、工程师以上资格者为人才；有人认为具有一定专门知识、较高的技能和能力，以自己的创造性劳动，在认识、改造自然和社会中，对人类做出较大贡献的人为人才；也有人认为“出乎其类，拔乎其萃”，标新立异，独树一帜，有特殊才能者为人才；还有人认为三百六十行，行行出状元，人才应泛指有一定能力和专长的人。甚至把相貌出众的人，也叫做人才。这诸多人才的定义都不够全面和严密。

“人才”作为一个专门学问的研究对象，必须要有严格的规定。各种人才定义说明，人才必须是具有一定的才能和创造能力；必须是有较高尚的道德情操和素养；必须能够为社会做出为人们所承认的贡献。否则，就不能称其为人才。据此，人才，就是指那些具有较高的才智和良好的思想品德素养，在各种社会实践活动中以创造性劳动为社会发展和人类进步做出较大贡献的人。

为了加深对人才定义的理解，我们应注意以下三点：

第一，要辩证地理解“创造性劳动”。所谓创造性劳动，是指一种创新性质的活动，是开拓性劳动。但是，它并不神秘，只是有层次、大小之分，有类型、性质之别。一般来讲，只要是前人没有做过或者没有做到的事情，后人做了，并且做好了，这就是一种创造。这种创造，既包括物质领域，也包括精神领域。因此，我们不能片面地理解创造活动，从而否定人才的层次性。不能说，只有牛顿、爱因斯坦那样的科学巨星才是人才，而一般有所创新，有所发明的科技工作者就不是人才。

第二，要全面地理解“贡献”。作为人才，对社会都是有所贡献的；没有贡献就不能称其为人才。因此，对社会发展和人类进步所做贡献的大小，就成为衡量人才的客观尺度。但是，对贡献也必须做具体分析。有的人生前虽然显不出创造性的成效，可是也有被世人所承认的业绩，那就是贡献；有的人死后才显示出成效，被后人所承认，那也是贡献。人才，有“知名”的人才，也有“不知名”的人才，还有“无名”的人才。这就是说，人才是不能与名人划等号的。同时，也不能把贡献与成败等同起来。特别是历史人物的成功与失败，更要区别对待。成功的，有的不一定是人才；失败的，有的不一定不是人才。

第三，人才是个动态概念，而不是僵化不变的。未被公认是人才的，可以向人才的方向发展，成才者也有一个崭露头角到炉火纯青的发展过程；同时，人才也可能向相反的方向发展。

人才的基本特征

无论人才的类型、层次有什么不同，具体人才怎样千差万别，但作为人才，都应具有一定的基本特征。掌握这些特征，有助于揭示人才的本质。人才的基本特征表现在三个方面：

1. 创造性。创造性是人才与一般人的根本差别，其表现有三：一是具有一定的专门知识和较强的能力，特别是具有创造能力；二是能进行创造性劳动；三是在创造物质文明和精神文明的某一方面起较大的作用。人才的创造性，也可以说是人才的质的规定性，如果否定人才的创造性，也就混淆了人才与一般人的区别。

2. 进步性。人才是人群中比较精华、先进的部分，是人民群众推动历史前进的代表。人才的进步性，指的是在一定的社会历史条件下，对于推动社会历史前进，推动社会生产力和科学技术的发展所起的作用是积极的进步的。人才的进步性只有代表了先进的生产力，代表和集中了人民群众的利益，才会充分体现出来。至于那些虽有才能，也有创造能力，但逆历史潮流而动，对社会发展和人类进步起阻碍作用的人，不属于人才之列。历史上反动阶级的代表人物，只是腐朽没落阶级、阶层和社会势力的代表，最终要为人民所唾弃。因此，如果否认了人才的进步性，也就混淆了人才与反动人物的根本区别，也就失去了研究人才的前提和意义。

3. 社会历史性。人是社会的人，社会是人的社会。作为人群中比较精华部分的人才，也总是以一定的方式存在于社会之中，总是受到一定社会关系的制约的。社会关系随着生产方式的矛盾运动而历史地发生变化，人才也必然随着社会关系的变化、社会形态的推进而不断地改变着自身的内涵。因此，人才是个历史的范畴。不同的历史时期，不同的社会形态，不同的阶级，人才的特征和对人才的要求是各不相同的。每个时代的人才，总是打上那个时代的印记；是当时的具体历史条件的产物。在阶级社会里，人才无不打上阶级的烙印。如果否定了人才的社会历史性，也就混淆了不同历史时期、不同社会形态、不同阶级的人才的质的特殊性。

创造性、进步性和社会历史性，作为人才的基本特征，它们缺一不可，相互制约，相辅相成，共同规定着人才的本质。创造性是进步性的基础并体现进步性，进步性规定创造性的方向。社会历史性制约着创造性和进步性，创造性和进步性又反映了社会历史性。因此，我们既不能离开进步性、社会历史性来侈谈创造性，也不能离开社会历史性来衡量进步性。

人才有“显人才”和“潜人才”之分。为社会所作的贡献被社会承认的为“显人才”；由于种种原因，他们的作用还未被当时社会承认的为“潜人才”。无论是显人才还是潜人才，都必须经得起实践的检验，都必须是社会历史性、创造性和进步性三者的有机统一。只有这样，我们才能对人才有一个科学的理解。

人才成长的不同道路

我国历史上的儒家总是把人分为几类，比如孔子说：“生而知之者，上也；学而知之者，次也；困而学之，又其次也；困而不学，民斯为下矣。”第一类即圣人，第二、三类即贤人、君子，第四类即小人，也叫做愚夫愚妇，有人又说他们是学而不知者。这就是儒家所说的人才成长的几种道路。但几千年来的人类历史证明：世界上根本没有生而知之者，没有不学而能、无师自通的人。人们的知识不是从天上掉下来的，不是上帝或神仙赐予的；也不是从爹妈那里遗传下来的，不是人们头脑中所固有的；而是后天获得的，是从社会生活的实践中学习、积累起来的。包括孔子本人也承认，他并没有见过生而知之的圣人，他自己也不是生而知之者，而是“好古敏以求之者也”，不过是喜欢人类积累的知识、比较聪明而又勤奋好学而已。因此，应该承认，人们成长的第一条道路是虚构的，也是根本行不通的，谁要是以为自己是天才，可以不学而能、无师自通，他肯定不会成为一个人才。那么世界上有没有“困而不学”和“学而不知”的人呢？不爱学习的人是有的，有的是因为没有学习的条件，也可算作“困而不学”吧，但这是无可奈何的。有的是受各种兴趣的干扰，游手好闲、吃喝玩乐、架鹰走狗，不愿意学习做人的真本事，这就是那些纨 绔子弟。他们的生活不是太困难，而是太优裕了：歌舞弦管，障其耳目；佳肴丰宴，腐其胃腑；宫阙车辇，惰其筋骨；阿谀逢迎，迷其神志。他们是为各种生活享乐所“困”，为七情六欲所“困”。因此，有的同志概括说：“特权阶层的物质与精神生活是一种不长禾稼、只长野草的环境。”得相能开国，生儿不像贤，几乎成为一个规律性的现象，这是人才培养方面的一个悲剧。但被儒家视为“小人”的广大劳动者并不是“学而不知”者，世界上的绝大多数人只有知识多少的差别，有聪明和笨拙的差别，并没有学而知之和学而不知的差别。把广大劳动人民当作小人，当作“民可使由之，不可使知之”的愚夫愚妇，这是一种剥削阶级的偏见。而所谓“不可使知之”，正从反面说明这些“小人”本来还是具备“学而知之”的素质的，只是统治阶级为了愚民的需要，才不让他们有学习的机会罢了。因此，“困而不学”对于广大劳动人民来说，正是剥削阶级和剥削制度造成的。

因此，我认为，世界上的绝大多数人除了天生的傻子之外，都是可以教育的，可以由无知到有知，由知之不多到知之较多、知之甚多，是可以不断进步的，这就是人的可塑性。从这个意义上说，学而知之是人才成长的唯一道路，除此之外无其它捷径和灵丹妙药。但究竟如何学，学什么，具体的途径和办法又是千差万别的。

比如从教育的形式看，从历史的发展和一个人的成长来说就都不是单一的。在原始社会还没有文字，也没有学校，一个人在幼儿时期也无法接受学校教育，因此这时的教育主要是老一辈对下一代口耳相传，是动作模仿，教会他们一些人类生活的基本知识，包括直立行走，用手干活、说话、吃饭以及一些初步的生产知识、社会规范，这在人类教育史上属于蒙昧阶段的社会教育，在一个人的成长史上属于幼儿教育，主要是家庭教育包括托儿所、幼儿园的教育。当进入阶级社会，产生了文字之后才有了学校，一个人也只有到了六七岁才能入学，到这时，有机会上学的人才能接受学校教育，当然同时继续接受家庭教育和社会教育。

古今中外学校的种类是多种多样的，教学的内容、教学的方式也不尽相同。从我国历史上看，其中就有官办的学校，夏朝叫“校”，有人说夏朝已有了“庠”、“序”；商朝叫“学”、“雍”，又称“西学”、“西雍”，因为它设在商都的西郊。有人认为当时已有“明堂”、“辟雍”，也有“庠”、“序”。周朝，“乡有庠”，“州有序，党有校，闾有塾”，中央还有为宫廷子弟设立的小学、大学即国学，大学仍称辟雍或称西雍。诸侯国的大学称为“泮宫”这说明，周朝的学校系统已比较完备。“痒”本意是“养”，原来是养老的地方，老人经验丰富，可以发挥余热，教育后代；“序”是练习射箭的地方以及“次序王事”、“教化之宫也。”是学习狩猎、打仗的本领和伦理道德。校和塾则传授各种有用的知识。明堂是举行大祭的地方，古代政教不分，明堂大祭成为极重要的事情。辟雍也是明堂，是尊师、养老、教胄、献俘、郊射的地方。春秋战国官学废弛，典籍流散，私学取而代之。到汉武帝时才又王式在中央设了太学，后来才有了国子监、国子学、府学、州学、县学等由封建政府创立的从中央到地方的官学，这就是当时的公立学校。

除公立学校之外，还有私立学校，从孔子办私学开始，打破了贵族对教育的垄断，扩大了受教育的范围。春秋战国时私人收徒讲学，著书立说，周游列国，互相辩难，出现了不少学术中心，基本上属于游学集团，也有由诸侯和各国权臣举办的，如齐国的稷下学宫，战国四君子的成千的食客以及吕不韦的学术集团等。后来又出现了社学、义学、私塾等，宋、元、明、清时又出现了书院。这些基本上属于私立学校，但书院有时属于官办或官督民办。书院有的是探讨一些比较高深的学问，“以道义相切磨”，岁同“进到圣贤之域”，培养学生为圣贤，有点类似我们的研究生院；有的则是为科举作准备，或只有普及知识的性质。在私学中还有一个家学系统，包括族学。我国古代也有丰富的办家学、教育子女的经验，比如《颜氏家训》之类。另外还有各种专科院校，比如学军事的，孙膑、庞涓拜鬼谷子为老师，这大概是办在深山老林中的私人将官学校；后来有人投奔少林寺、五台山投师学艺，和尚庙也变成了学校，除了传授佛教经典、唯心主义哲学之外，还传授护身的本领。学医的去找名医为师，学书法、绘画的去找此类专家。不同的人才有不同的学校，也有不同的学习方法，对人才的素质也有不同的要求，教学内容也有很大区别。

一些教育家概括了古今中外的教育，认为这些教育大致可以分为三类：即昨天的教育，今天的教育和明天的教育。昨天的教育其核心是：过去的一切都是美好的，教育的作用就是把人类已有的知识经验传授给下一代，让下一代像老一代那样去学习、思考和生活。这种主张应该一分为二，学习人类已有的知识和经验应该说是正确的，人们的学习一般从此开始；但后一句话就值得研究，让人们都要以前人为榜样，向前人看齐，用过去的思想要求后一代，不许学生超过前人，不许越雷池一步。这是一种保守主义的教育。我国古代儒家的教育基本上属于这一类，它要求学生法先王，不允许法后王，要求学生以前代的圣人、贤人为榜样，以孔子为先师；学习的内容也是前人的经典著作，即四书、五经之类。总之是要求学生向后看，不准向前看，学生应像《封神演义》中的申公豹那样，眼睛只能长在脑勺后面。学生对前人的经典只能背诵、模仿，不能根据自己的理解去发挥，直到明清的科举还是这样要求。其结果是束缚了人们的思想，使中国长期落后。

今天的教育思想认为：过去再好的一切只能说明过去，我们却应面对现实。每一代人都有自己的不同于前辈的现实，因此培养出来的人就要能适应这种现实的要求。尤其是到了现代，培养出来的人要适应工业化社会的要求，要把现代化工业的概念渗透到生活的各个方面，包括教育方面，如工业要求统一、大型化、程序化、系列化，重视时间，学校工作也应走向统一、大型、集中、标准化，要有时间概念、竞争意识等，这就是欧美和我们目前的教育。这种教育也不排斥吸收过去一切好的东西，但吸收的目的是为了创新，是为了培养适应工业化需要的各种专门人才。

明天的教育思想认为：教育是未来的事业，人们是为未来而奋斗。我们要为未来事业培养人才。人的质量比人的数量更重要，开发人脑资源比开发物质资源更重要。因此它主张，把教育由传授知识改为开发智力。关键是培养现代化的人，既有现代化知识、技术，又有现代观念的人。这种人要有开拓精神、创新精神、牺牲精神。对这种人，要研究给他什么知识对他一生最有价值。在学习阶段，让他们学习什么东西，用什么方式学习，都不能固守过去的传统。还应逐步打破学习——工作两阶段论。学习将和工作交叉进行，出现回归教育，学习将成为终身的教育，社会将成为真正的大课堂。这是目前世界上不少国家正在探讨的问题，我们的成人教育，电大、业大、职工教育等有点这种性质。

但从目前的一般情况看，学校教育主要集中在一个人的少年和青年时期，即使目前的成人教育也有个年龄限制，不超过40岁才能入学，博士研究生也是以40岁为限，很少有人像姜太公那样学到70多岁才下山找出路的。根据一些教育家统计，一个人一生中所需要的知识，在小学、中学、大学中得到的只能占10%~20%。剩下的80%以上则是在学校外边得到的，包括学龄前学到的东西，上学时从社会上得到的知识，毕业以后从工作、生活实践中学到的东西，这就是向社会学习。一个人从学校毕业后，在实际工作中继续钻研有关的学问并从实际中学习，向周围的一切人学习，包括反面教员，从自己的成功和失败中学习等等，从广义上说，这也是一种社会教育，是学生毕业后的一种再学习。这种学习是与创造紧密联系在一起的，是边干边学，但它对一个人才的成长来说，却是一种更重要的学习。对于那些没有机会入学读书的人来说，他的100%的知识都是这样得来的。他们的经历不同，所遇到的社会环境不同，学习的内容和方法也不同，于是就出现了互不相同的成才之路。

比如：自学成才是历史上许多人才的成长道路。他们既向社会学习，也向书本学习，以书本为老师，但要靠自学。有的虽然没有读多少书，但也成了杰出的人才，如历史上的一些武将，他们主要是在军事斗争中学习，是从战争学习战争，是属于乱世出英雄之类。因此“乱世出英雄”是值得研究的一个规律性现象。有的则是在科学实践中学习，如一些医学家、药学家、发明家等等。在古往今来的人才当中，有人成长的道路比较顺利，有人成长的道路就比较曲折，是在十分困难的情况下成才的，这就是所谓逆境成才的规律，这是人才成长的又一个重要规律。自古英才多磨难，不经盘错不成才，功业都从患难来，孟子、司马迁、左思、魏源等都讲过一些“多难兴才”的例子，这是对人很有启发的。魏源甚至说："逆则生，顺则夭矣；逆则圣，顺则狂矣。草木不霜雪，则生意不固；人不忧患，则智慧不成。"他认为只有逆境才能成才，这有一定片面性。实际上，顺境成才的例子也不少，而身处逆境的人也不是都能成才。这就提出一个问题：一个人具有什么样的素质才能克服顺境的诱惑和逆境的压力，什么样的社会环境才有利于人才的成长。这就是人才成长的内部条件和外部条件，以及内外因素的相互关系。比如立志与成才的关系，勤奋与成才的关系，毅力与成才的关系，谦虚与成才的关系，远见卓识、思想高尚与成才的关系等等，我们在以后的专题中都要陆续有所涉及。

从人才的类型来划分，人们成长的道路也不是千篇一律的。比如政治家与军事家成长的道路不尽相同，知识的结构也不一样，乱世出英雄，治世需能臣，这是两类不同性质的人才。诗人、小说家与历史学家也各有自己独特的成长道路。研究一下司马迁、司马光、刘知几、杜佑等史学家的成长道路，对历史系的学生是会有所启发的。科学家与音乐家成长的道路也不同，特殊的人才需要特殊的培养方法，这些问题都值得探讨。

对于不同的人才各自需要什么样的知识结构，每个人如何根据自己的特长选择成才的目标，要成为一个人才需要克服自己身上哪些弱点，走上社会后应如何适应社会的需要发挥自己的才能，为社会多做贡献，这都是有关成才的问题，也都是有规律可寻的。我国历史上丰富的资料为我们提供了许多可供参考的经验，这是我们人才史所要研究的一个重要问题。

选拔人才的不同办法

选拔人才包括当权者对有用人才的选拔，广大群众、人民对领导者、领袖的选拔，各行各业、各部门对出类拔萃者的选拔，以及社会、历史对各种人才的选拔等等。从人类社会产生以来，人们为了维持人类的生存，推动社会的发展，或者为了维护某个阶级、某个集团、某个家族的利益，都要对人才进行选择，以便发挥他们各自的才能。能否发现人才、选拔合适的人才，关系到事业的成败，这是无数历史事实证明的真理。

我国历史上有许多政治家、思想家总结了大量的历史经验，反复强调了选择人才的重要性。孔子说："依贤固不困，依富固不穷。"墨子说："国有贤良之士众，则国家之治厚；贤良之士寡，则国家之治薄。"汉武帝说："盖有非常之功，必待非常之人"。东汉的桓谭说："政事得失，由乎辅佐。辅佐贤明，则俊士充朝，而理合世务；辅佐不明，则论失时宜，而举多过事。"王充则说："六国之时，贤才之臣，入楚楚重，出齐齐轻，为赵赵完，畔（叛）魏魏伤。"诸葛亮说："亲贤臣，远小人，此先汉所以兴隆也；亲小人，远贤臣，此后汉所以倾颓也。"唐太宗说："为国之要，在于进贤退不肖。"历史上这样的论述还多得很，而这些论述都是有历史根据的，而且也说明了不少道理，对于如何认识人才的重要性，如何评价人才的地位和历史作用等都有不少启发。

选拔人才既然如此重要，那究竟如何选拔呢？选拔人才的办法是不断变化的。比如，原始社会选拔人才的原则是"选贤与能"，这是用民主推举的形式选拔部落或氏族的首领，是由部落的成年男女民主选举。这种选举比较接近实际，比较合理，因为被选拔者是他们熟悉的人，他们为自己的和集体的利益也必须选拔有能力的人。这种原则使被选拔者接受群众的监督，督促他们为大家多做贡献，而不敢胡作非为，否则就会被选举者撤换。到尧、舜、禹搞禅让时，已不是原来意义的民主推举，而是由部落联盟的首领和其他有地位的人推举，推举后还要经过实际考察，然后才让位。到了奴隶社会，主要实行王位世袭制和世卿世禄制，是在"亲亲"的圈子内选人，这是由财产私有所决定的，于是天下为公变成了天下为家。任人唯亲的最初含义就是指在亲族的范围内选拔人才。这种制度也不是一成不变的，开始也是在"亲亲"的圈子内选拔有能力的人，后来才确定了嫡长子继承制。它避免了权力的争夺，但不能保证选拔出真正的贤者。这就是"立嫡以长不以贤，立子以贵不以长。"谁是嫡子由他母亲的贵贱决定，谁是可以继位的嫡长子，由第一夫人所生的第一个儿子充当，不是从几个嫡子中选拔贤者。这样做的结果是逐步削弱了王族和各支贵族的力量，最后导致了他们事业的失败。于是从春秋战国起，又实行尚贤、礼贤下士的原则，这个原则使新兴地主阶级得到大批人才，最后取代了奴隶主阶级的统治。世卿世禄制被封建官僚制所代替，但皇位的继承基本上实行嫡长子继承制，有的朝代实行兄终弟及，或由前一代皇帝从自己的儿子中选拔合适的人选。用嫡长子继承制选拔的皇帝有能力的并不太多，而用后一种办法选拔的皇帝反而要好些。但中国历史上真正有作为的皇帝往往是开国之君，因为他们是争天下的实际斗争中的胜利者，是得到社会承认的，是从战场上选拔出来的。对各级官吏的选拔，从秦汉以来不断有所变化。开始，秦国主要按军功大小、杀敌人多少选拔人才，这是军事人才，选出来后成为军事贵族，但并不一定能治国。因此，商鞅、李斯等人也不是这样选拔的，到秦统一中国后对这种制度也实行了改革。刘邦的人才集团是在反秦起义和楚汉战争的实际斗争中选拔的，萧何、曹参从小小的县吏成为汉初的丞相，张良本是亡国之臣，但却成了刘邦的主要谋臣，韩信年轻时贫穷潦倒，受人侮辱，由于萧何发现了他的杰出才能，这才竭力向刘邦推举，这又有点推举制的痕迹。到汉武帝时，察举制、贤良对策、公车上书等办法同时使用，后又正式办太学，招收博士子弟培养人才，出现了封建社会又一次人才的繁盛。这是几种选才原则并用，察举制主要是乡举里选，考虑基层群众的意见，当然主要是基层官员和三老的意见，郡守的意见也占很大比重。公车上书、贤良对策都要写篇时务策一类的东西，对当时的社会问题，国家大计方针提出建设性的意见，皇帝看中了才能入选。这就有点考写作能力、分析问题的能力的意思，由基层群众从实际中选择，变成了中央一级的考试。太学博士要看平时的学习成绩和日常表现，毕业成绩的好坏起很大作用。

到东汉时，“太学生发展到三万人，郡县生徒也很多，但官吏的选拔主要掌握在宦官和大族手里，原来的乡举里选也彻底变质了。一些真正的人才被埋没、被摧残，一些缺德少才的人却飞黄腾达、身居高位，最后导致了党锢之祸和天下大乱。中国历史上的第一次学生运动——东汉太学生的抗争，其中一个重要原因就是对当时的选才原则不满。

到三国鼎立时，魏、蜀、吴三国都从不同程度上改造了东汉的选才原则，尤其是曹操的“唯才是举”可以说是对东汉后期选才原则的根本否定，它使曹操战将如云、谋臣如雨，成为三国中最大的势力，为西晋统一打下了基础。曹丕时的九品中正制，开始并没有完全否定曹操“唯才是举”的原则，这种制度选才的权力在中正和大中正手里，用才的权力在中央吏部。如果选才者和用才者本人是真正的人才，也比较公正，还是能选拔一些人才的。但它却为世家大族开了一个很大的后门，到两晋时就成为世家大族操纵政治的工具，出现了“上品无寒门，下品无世族”的极不正常的现象，导致了东晋政权的衰亡。南北朝的选才原则受九品中正制的影响很大，但已逐步有所改变，到隋朝时就正式宣布取消了九品中正制，实行了科举制。这是通过中央掌握的各级考试和全国统一考试选拔官吏的制度，主要考察报考者的业务能力，它比九品中正制合理得多，也扩大了选才的范围。到唐朝时科举制日益发展完善，它使唐朝又一次出现了人才的繁盛，但世族制的遗风并没有完全消除，门荫制仍占很大比重，由此而导致了以后的牛李党争。而创业阶段的人才和军事人才主要还是从实际斗争中选拔，武举制也起一定作用。科举制好比一个指挥棒，大大影响了封建社会人才的成长。比如唐代科举重诗、赋，知识分子必须学习写诗、赋，这对唐诗、宋词的兴盛无疑起很大作用。后来的科举重策论、重八股文，知识分子必须皓首穷经，学写八股文章，这也从一定程度上促进了经学的研究，但同时又束缚了人们的思想。

辽、金是少数民族建立的王朝，是从氏族社会后期进入奴隶社会并很快跃进到封建社会的，因此这两个朝代的选才原则都带有原始社会末期的特征。尤其是辽朝的“世选制”不仅独具特色，而且影响了辽朝的兴亡盛衰。这种制度不同于世袭制，但又不同于选贤与能的民主推举制，而是由民主推举制向世袭制过渡，即从亲族的圈子里选拔有能力的人当皇帝和各级官吏。皇位世袭制是辽朝中后期才最后确立的。对汉族知识分子则延续了唐朝的科举制。金朝在创业阶段也有氏族社会选才原则的痕迹，但从金太宗开始就用科举制选拔幽燕之士，到世宗、章宗时科举制逐步完备，并带有自己的特点：即创立了女真族科举。汉族进士科举沿用唐宋旧制略有变通，对女真族的士人则用女真字考试，考试的内容还是儒家经典，是女真字的翻译本。用少数民族文字做工具实行科举，这在我国历史上具有特殊的意义。

宋朝的科举制沿着唐朝的路子发展变化，但同时出现了许多弊病，王安石变法时对学校、科举同时进行了改革，这种办法维持了半个世纪，到南宋后期才确定了用程朱理学考进士的制度，尤其是明清变成了八股取士，又只是从四书、五经中出题，科举成为束缚人们思想、培养封建统治阶级奴才的工具，于是科举制由进步变为落后，逐步走向衰落。但元、明、清的选才制度也各有自己的特点。如：元朝的科举就有这样几个特点，一是在全国统一之前曾一度实行（窝阔台时），但后来长期有争论，没有实行，到元仁宗皇庆二年（1313 年）才正式采用科举制，这时离元末大起义已为期不远了。二是把蒙古人、色目人分为一组，汉人、南人分为一组，虽都用汉文考试，但前者录取标准放宽，后者较严，实行优待蒙古人、色目人的政策，这既是四等级制在科举制上的反映，是一、二等级的一个特权；也是从实际出发，因为蒙古人、色目人汉文水平不高，是对少数民族的一个优待措施。三是重视程朱理学，从四书出题，规定用朱熹《四书章句集注》；至于其他经书，如《诗经》以朱熹之说为主；《易经》以程朱为主，但可兼用古疏。明朝开始并不太重视科举，朱元璋曾一度实行，后又停止了一段时间，同时从国子监的学生中和民间及下级官吏中直接选拔人才，称为三途并用。门荫制也占很大比重，军官实行世袭制。后来科举的地位越来越高，但也曾屡次重申三途并用的原则。

清朝除科举外，还特别发展了捐纳制度。这种制度从汉朝就已发源，当时有所谓“赀选”，富家子弟向政府交纳一定数量的资财，可做郎官，称为“赀郎”。汉文帝时晁错提出入粟拜爵，开始只是卖爵，并未卖官，但官吏犯罪可以入粟赎罪，继续得到做官的机会。到后来才公开标价卖官。此后的王朝每当财政吃紧或政治腐败之时，住往援引汉朝的先例。明景帝卖官是为了筹集军费对付也先的进攻，清朝开始是为了平定三藩之乱、镇压农民起义，因经费不足，标价卖监生资格，卖举人、进士资格，以后政治日益黑暗腐败，于是大量卖官，包括卖官位空缺，从而导致政治更加黑暗。到了近代就出现了学习西方培养人才、选拔人才的办法，废科举，兴学校。但学校仍是主要通过考试选拔人才，这与科举制的考试虽然不尽相同，但就测验人们的智力这一点看，却有类似之处。这就是我国选拔人才的办法逐步变化的情况。

与以上这些办法相适应，出现了许多关于选拔人才的思想、言论和主张，有的还变成了政策和实际行动。如黄金台招士，张榜招贤，到“隐处”求才，三顾茅庐，选才“毋拘资格”，“勿稽谱牒”，不要求全责备，勿以言取人，令人自举，毛遂自荐等等。这些主张所提出的共同问题是，如何才能选拔出真正的人才。这里就有一个用什么标准、什么方法辨别人才的问题，有一个如何知人的问题。“知人则哲”，只有知人，才能做到善任。人才难得也难知，人才本是客观存在的，但人们的认识往往不能符合客观实际，要做到基本符合，既需要打破任人唯亲的原则，又需要打破各种条条框框，还需要出以公心，克服各种私心杂念，同时要有一定的标准和方法。孔子主张“听其言而观其行”，不仅要看一个人是否说得有道理，还要看他的实际行动。荀子也主张从知、行两个方面去考察。唐朝的魏征提出了六观法：“贵则观其所举，富则观其所养，居则观其所好，习则观其所言，穷则观其所不受，贱则观其所不为。”刘邵在《人物志》中专门写了《八观》，也是从不同的角度观察考验一个人，看他是不是真正的人才。从考查的办法看，比较合理的是不仅看其业务能力，而且从实际工作和日常生活中去考查，不能只凭个人一时的印象，或只听少数亲信的意见，而要广泛征求意见，进行一定的民意测验。

研究分析一下历史上选拔人才的办法和原则，不仅可以使各级领导更好地选拔各种有用的人才，还可以使我们每个人提高辨别人才和分辨是非的能力，同时有助于我们从各方面严格要求自己，争取成为一个全面发展的人才。

21世纪我国急需哪些人才

21世纪需要什么人才呢？最近，国家人事部根据各类全国性专业协会有关资料统计，预测在21世纪初我国急需以下人才：

1. 税务会计师（会计类）：未来10年，会计师的需求将增加，相关的热门人才是业务与国际事务有关的会计师。

2. 电脑系统分析专家（电脑类）：为某一行业（如银行、医院、行政部门等）的需求而设计电脑软件及硬件，进行各部门之间的有效沟通和动作的技术专家将会逐步走红，相关的热门人才为电脑程序设计师、网络管理专家。

3. 电脑软件工程师（工程类）：我国电脑业的飞速发展，对电脑软件工程师的需求将大量增加。

4. 环境工程师（环保类）：随着环境保护意识的增强，今后社会对环境工程师的需求将呈现上升趋势，相关热门人才是工业卫生学者和毒物专家。

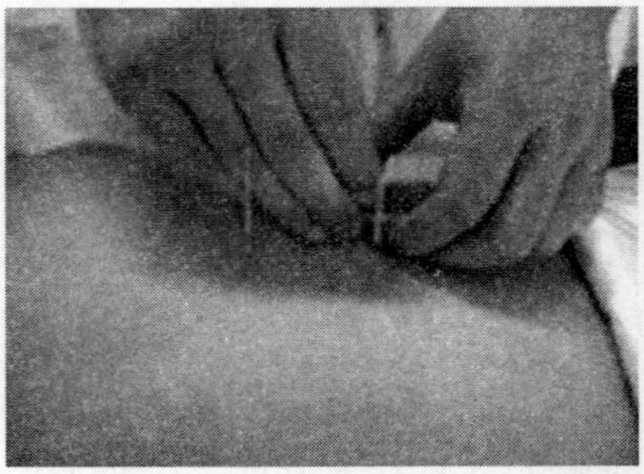

5. 中医师（健康医疗类）：由于西医对一些疑难病症的疗效不大，更由于中医的独到之处，社会对中医师的需求量将增加，相关热门人才是按摩师。

6. 经纪人（咨询服务类）：现代社会咨询精确程度要求提高，使该行业日益走俏，相关热门人才为技术图书管理员。

7. 索赔估价师（保险类）：天灾人祸的频繁出现及未来社会对索赔速度的要求，索赔估价师的作用越来越大，相关热门人才是资料处理师、精算师。

8. 律师（法律类）：目前，我国各类律师奇缺，近10年将有大量的需求，相关热门人才是房地产律师。

9. 老人医学专家（医学类）：21世纪，我国人口老化问题比较严重，老人医学将变得十分重要，相关热门人才是家庭医师、家庭护士。

10. 家庭护理（个人服务类）：来自人口老化及医疗超支两方面的压力，使得家庭护理成为需求量较大的行业。相关的热门人才是托儿教师和家庭服务员。

11. 专业公关人员（公共关系类）：将来企业的形象设计问题将变得越来越重要，公关行业必将成为极有前途的一门行业，相关的热门工作是医疗业的公关。

12. 商业服务业务代表（推销类）：有关商业服务的独立承包商在未来10年内开始大量涌现，为公司承揽广告、电脑程序设计、信用报告工作。该行业的相关热门人才是证券及金融业的业务代表、通信设备业务员。

13. 生物化学家（科学研究类）：蛋白质的药物价值决定了生物化学的光明前景，新的药物不断被生物化学家开发出来，社会也不断期望有新的开发。相关的热门人才是分析化学家和药理学家。

14. 心理学家（社会工作类）：随着社会的发展，人们对自身心理健康问题越来越重视；心理学越来越显示其存在的价值。相关的热门人才是私人心理治疗师、家庭（社会）现象研究专家。

现代人才的特征

1. 准备和乐于接受他未经历过的新的生活经验、新的思想观念、新的行为方式。

2. 准备接受社会的改革和变化。

3. 思路开阔、头脑开放，尊重并愿意考虑各方面的不同意见和看法。

4. 注重现在和未来，守时惜时。

5. 强烈的个人效能感，对人和社会的能力充满信心，办事讲求效率。

6. 善于制定计划。

7. 不固执己见，较尊重事实和验证，愿意吸引新知识，不轻信臆想和妄说，倾向于热心探索未知的领域，尊重知识。

8. 给别人以可依赖性和信任感。

9. 重视专门技术，有愿意根据自己技术水平高低来领取不同报酬的心理基础。

10. 乐于让自己和后代选择离开传统所尊重的职业，对教育的内容和传统智慧敢于挑战。

11. 善于相互了解，尊重他人和自尊。

12. 对自己和社会生活的未来，持有乐观态度。

13. 具有人人在法律面前应当平等的意识，不承认地位高或有权势的人应当超越法律之上，也不赞同为袒护亲友不惜徇私枉法的行为。

14. 有社会责任感，当社会需要他伸出援助的手时，他能义无反顾。

创造型人才的个性特征

（1）主动性　不满足于已取得的成果，积极进取；

（2）洞察力　直觉感受敏锐，善于觉察细枝末节；

（3）变通性　思路畅通，闻一知十，触类旁通；

（4）疑问性　不因循守旧，不盲目服从，不为旧窠臼所束缚；

（5）独创性　方法独出心裁，见识非同凡响，勇于弃旧图新，不肯轻附众议；

（6）自信心　深信自己所做事情的价值，不怕挫折，永往直前；

（7）坚持力　抓住目标锲而不舍，不达目的决不罢休；

（8）想象力　联想丰富合理，幻想清新奇特；

（9）严密性　深思熟虑，精敲细推；

（10）勇气和幽默感，不惜冒险犯难，善于适应常人无法忍受的困境、讥讽和轻视。

人才成熟的标志

1. 行事有主见，能够坚持原则；

2. 承认生活中的光明和黑暗，不是苟求于世；

3. 如果对方提出你的优缺点，你都能接受，并能与对方友好相处；

4. 要明白“人必先自爱而后人爱之，人必先自助而后人助之”的道理；

5. 明白良好的动机未必会带来良好的效果，做任何事情都要考虑到它的效果；

6. 在言谈话语中，“以事论事”而不以人论事；

7. 在正常思维活动中，不会坠入“非此即彼”和“非黑则白”的两个极端思维的陷井；

8. 领会“人比人、气死人”的道理，不拿自己跟别人滥加比较；

9. 了解人与人之间的沟通乃世界上最困难也是最有意义的一件事，而封闭自傲的心灵，正是这一沟通的敌人；

10. 深信世界上的一切事物都在变动和前进，并能勇于适应这一前进，为此不惜改变自己身上落伍的一切。

杰出人物有十个特征

——洞察生活能力强，能按生活本来的面目看待生活，而不是按希望看待生活；

——很少自我冲突，他们的个性是统一的；

——较少抑制感情，自然而简单，更善于表达；

——容易自我控制，他们的欲望和他们认定的正确事业是一致的；

——有一种健康的自尊，不自惭；

——他们行动的动机源于自己潜在的发挥能力的需要；

——他们相信宇宙是有意义的，并相信精神生活；

——不怕神秘未知的挑战，反而被它所深深吸引；

——有生活情趣，更会欣赏生活；

——达观镇静，不希冀突变。

注意培养新人的素质

人的素质可以分为三个方面：知识、能力和态度。现代化建设者的知识要有三个特点：首先要有扎实的基础知识；其次要有较广博的知识；此外还要不断吸收新的知识，使自己的知识不断更新。关于能力，一是自觉能力；二是独立工作、独立思考的能力；三是革新创造的能力。知识固然重要，但运用知识的能力也许可以说更为重要。而态度在这三者中也许是更核心的东西。所谓态度，也可以叫做精神。在心理学上，这里指兴趣、毅力等品质，属于情感、意志、性格的范围。现代社会中人们有三种态度或精神。一是革新创造的精神；二是开放的态度和精神，要有一种“拿来主义”的精神；三是注重未来的态度。我们的教育工作要注意培养新人的素质。

“识人”小议

一、“有色眼镜”戴不得

古代寓言“疑人偷斧”的故事人人皆知。丢斧子者怀疑邻人偷斧，后来斧子在自家找到了，再看那位邻居，走路谈话都不像偷斧子的了。至今，不少人识人时，仍然象寓言中的那位失斧者，这是准确识人的一大障碍。识人切忌戴“有色眼镜”，带主观框框，带成见偏见。

二、莫学“过于执”

名戏《十五贯》里的那位糊涂官过于执，错判熊友兰，就是因为他从熊友兰身边查到十五贯钱，和尤老儿丢失的钱数一致，便以为抓到真凭实据，要杀熊友兰。苏州知府况钟却未被表面现象所迷惑，抓到了真正的罪犯娄阿鼠。应当说，识人时“听其言，观其行”，还仅仅是抓住了一些外部现象。现象与本质二者有联系，又有区别。对于表面现象上相似的东西就要好好调查研究一番，“疑似之迹不可不察”。要学会透过现象看本质。

三、就怕“人比人”

听到过这样一件真事：一位有 65 元退休金的单身老工人，轮流到三个儿子家居住。他假称自己领取退休金的证件丢失，无钱交生活费。这是一次“比较测验”，大儿、二儿及其媳妇重利轻义，唯有三儿真心实意要把老人赡养到底。老人自然认出三个儿子的不同。日常生活中，看一个人对下属与上级的态度有何不同；对待老人、弱者与对待有权势的人有何不同；在人监督之下和独自一个时有何不同……都可称作“比较法”。不怕不识货，就怕货比货。比较，也是识人的好方法。

四、贵在取大节略小事

要从“大节”上识人，不可拘泥于细微末节。所谓大节，可着重从德、识、才、学四个方面认识一个人。德，主要指政治思想、道德品质；识，指认识能力，远见卓识；才，是指才能，办事的能力，认识、思考的能力；学，指学问、知识。金无足赤，人无完人。一个人的优点往往与缺点并存。一个人敢于革新、有创造精神，又有点自负、主观，前者就是大节；一个人事业心强，精通业务，同时又有点“不合群”，这后者就该算是“小节”了。抓住细微末节不放，抓住一些缺点不放，是很难正确“识人”的。识人贵在取大略小。

“松下”重视培训人才

松下幸之助的少儿时代，一直被贫困与病弱缠扰着。然而，他竟能活到94岁高龄。他只上完小学，但自学成才，早已成为日本国的一位巨富。他白手起家创建的松下电器产业公司，今天已是世界上屈指可数的大型电器企业。他的卓越经营才能，使自己变成了世界著名企业家中日本式经营的代表人物。

松下很小就当学徒和小工。但是他不安于现状，总想开拓一番事业。他婚后不久，与妻子梅野和内弟植岁男合计，三人创建松下电器制作所。当时只有100日元的本钱，少得可怜！先是承包生产一批电风扇的底盘，后利用电灯口金属制成连接托头比市场价格便宜3%，一炮打响，奠定了松下公司的基础。不久，首次制成自行车灯，产品行销全国。到了30年代，松下的生产业务扩展到收音机领域，并开始研制电视显像管以及录像器材。1952年，与荷兰菲利浦公司进行技术合作，成立了松下电子工业公司。60年代，松下电器产业集团诞生，成为世界性大企业。

Panasonic
ideas for life

日前的松下公司，仍以它最占优势的电视和录相器材蜚声世界，产品占其总销量的30%。不过，新的当权者已以锐利目光日益注重产品的多元化和国际化了。今天，松下这一电器巨擘每年销售420亿美元，在国内仅次于丰田公司和日立公司，居第三位，并且已跻身世界50家大型企业行列。

松下事业能够不断发展与松下幸之助及其后继人的经营理论和实践分不开的。他的《对人的思考》（1975年）等著作，系统地总结了松下的经营管理经验。

其中一条就是他很重视培训人才的工作。他在大阪总公司设备了培训中心，对新职工、在职职工进行有计划培训，对海外职工也注意培训。除大阪的中央研究所外，还兴建了直属的36个实验室，海外则设有6个研究所。招聘和培养了研究员和工程师2.2万多名，结果，松下公司生产和持有专利权的产品达5.5万项。为了培养高级政治、经济人才，他还创办了松下政治塾，学生学习费用全由学校负担，五年制，已有两届毕业生。他们中有从事政治活动，当选议员的；有进入财界，当上公司总经理的。参加入学考试的，必须是不满26岁的大学毕业生。须经三次严格考试合格才准入学。由于注重教育，培养了大批人才，松下的事业不断发展。

“东芝”激励各尽其才

早上7时半到8时半，是日本东芝株式会社社长室向全体职员开放的时候。设计师、工程师、技术员等人川流不息来到社长室，向一位年近古稀但精神矍铄的决策人提建议、方案、意见。只见这位老人耐心地听取着人们的提案，不时锁眉沉思，一会儿又眼光一亮，投射出一束赞许的目光。办公桌上的时间显示器跳出 8：29，人们霎时安静下来，悄然退出社长室。

这位决策人敏捷地走进旁边的会议室，时间显示器正好跳出 8：30。这时，一位助手迅速地在会议室的门把上挂上了一把大铁锁。两位气喘吁吁的与会者刚好被拒之门外，望着铁锁尴尬地徒然长叹。

这位比电子显示器还准确的决策人，就是有“合理化先生”美誉的土光敏夫。他 1920 年毕业于东京技术学院后，在任石川岛造船厂机械工程师的时候，参加设计、制造了日本第一台涡轮机。为了解决技术上的难题，他几乎跑遍了全日本各个工厂。他的实干精神和创造精神，使他在 53 岁时提升为石川岛造船株式会社社长。

在土光敏夫 68 岁时，出任“东芝”社长。在“东芝”，他推行了“重担主义”与“适材适所”的用人路线。他说，要尊重人，就应该委以重任，谁拿得起 100kg，就交给谁 120kg 的东西，这可激发人的创造力。同时，职员自认为在哪个职位最能发挥特长，可以自己申报；公司需要人才，就参考了下面的申报，实行“内部招聘”以鼓励人才充分流动。他认为：领导者的一个重要任务，就是要提供职员充分发挥才能的场所。这场所除了授权之外，还得将人员作“适材适所”的安排。可见，“东芝”的成功决非偶然，而是同这种创造性的人才制度密切相关的。

“索尼”不拘一格用人才

索尼公司在发展过程中，起关键作用的是一批懂得电子技术和长于经营管理的人才。

公司创办初期，虽然条件很差，但却人才济济，全公司 20 名雇员中就有 16 人是大学毕业生，所以开业仅半年就设计出一种真空电压计。此后几十年来。索尼公司的首脑们一贯重视人才开

发，并且不拘一格地使用贤才。其中，盛田任用男中音演员出身的大贺则尾为索尼公司总裁就颇为典型。

大贺年轻时毕业于东京艺术大学并留学联邦德国。因为西洋歌剧在日本的舞台上并不吃香，学成归来的大贺则尾作为一名歌剧男中音是不容易寻到好工作的。在一个偶然的机会中，当时担任索尼公司要职的盛田认识了他，言谈中发现大贺懂得一些经营之道，而且他的音乐造诣对公司发展也有益处。于是，盛田当即拍板，聘用大贺到公司录音部门工作。一年之后，又提拔他为录音部兼产品计划部的总经理。大贺果然不负期望，工作上十分勤奋，经营手段也很有谋略，他经常外出考察业务和发表演说，亲自作广告宣传和推销业务，同时还发挥他在声乐方面的特长，在选择录音曲目、保持音色纯正方面非常内行。在大贺的领导下，索尼公司的录音部，在 9 年之后终于成为日本最大的录音公司。

1982 年 9 月，索尼公司董事会主席盛田在股东非常大会上宣布提升大贺为公司新任总裁。一度曾为衣着吃饭发愁的男中音大贺则尾，与盛田的家庭丝毫没有任何血缘关系，他能担任索尼公司的总裁，完全是索尼公司董事会一项明确、理智的决策所致。

美国延揽人才的四个法宝

从 1901 年到 1979 年，美国人获得诺贝尔奖金的共有 118 名，占整个诺贝尔奖金获得者总数的 35.1%。但在这些人中有许多并非纯粹的美国人，不少是从世界各国延揽的人才。

为延揽人才，美国采取了四个法宝：

抢。1945 年攻克柏林后，美国专门派了 3000 名科学家到德国。他们利用各种关系进行调查，不到两个月，向美国政府写了 15 万字的报告，把德国科学家的情况反映给政府。美国政府批准了这个报告，派100架飞机到德国把科学家全部运到美国。这一大批人对美国战后科学技术的发展起了很大作用。

买。70年代，瑞典有个20岁的研究生发明了一种电子笔。这支笔能接收到人造卫星传下来的脉冲，并能把卫星测到的森林、矿产、田亩等都画出来。美国就花大价钱去买他。瑞典政府也用增加工资来挽留他，但美国政府加的更多，最后连人带笔买到美国去，解决了美国地球资源卫星上的一大技术问题。

换。美国对其他国家的援助，都是有条件的。如美国支持菲律宾1.2亿美元，条款中有一条："允许菲律宾高级科学家进入美国。"就这一条，造成很多菲律宾专家到美国，美国赚了菲律宾教育经费6000万美元。又如美国和拉美国家医学方面的协定，规定允许拉美高级医生进美国，结果造成拉美大批智力外流，它的损失正好等于美国援助的经费。

租。美国认为，买一个人来加入美国籍，太昂贵。而一个科学家一生不可能天天有创造。一个人最值钱的时候，也就是研究生毕业后3至5年。所以美国目前采取了邀请客座教授的办法，请毕业后开始做研究工作的研究生工作一两年，给很高的工资待遇。人一到美国就派几个人跟着学，学完了就欢送回国。

教育与成才

教师必备知识丛书

育人环境与校风

人是属于一定社会的，人的思想和品德是在一定社会关系中形成和发展的。其整个成长过程无时无刻不受学校、家庭、邻里、朋友及社会各方面的影响。俗话说“近朱者赤，近墨者黑”、“耳濡目染”、“潜移默化”都说的是环境对育人的重要作用。

除了家庭和社会教育外，学校教育对人的成长起着主导作用。校风是整个学校教育中极为重要的外部条件。有人比喻：校风是装有不同颜料的大染缸。对涉世不深、心灵稚嫩的少年学生来讲，想用主观意识排除客观环境的不良影响是十分不易的。良好的校风是学生德、智、体全面发展的必要条件，它关系着培养什么人的大问题。尤其是职业学校，专业设置复杂，头绪多，工作难度大，建立良好的教学秩序，形成良好的校风，就显得更加重要。

近几年来，我校由于充分认识了校风建设的重要性，以务实开拓的精神，采取各种有力措施，在建设良好校风方面下了些功夫，收到了较好的效果。

首先，学校十分注重把政治思想工作渗透到学校各项活动中去，让学生在活动中知其行，明其义，以义促行，思想领先。为此，学校成立了德育工作领导小组，有针对性地向学生进行“爱国主义、集体主义教育”“革命传统教育”“法制教育”“革命理想和共产主义世界观的教育”等，保证了校风建设的正确方向。

校容校貌、学校办学条件对人的情绪影响很大。不良的校容校貌，会使人情绪消沉，精神不振，影响教育效果。为此，我们抓住有利时机，按山东省“五达标”要求，改造校舍，拆除危旧平房，建起现代化实验楼，翻建五千平米综合教学楼，自筹资金为学生打制学习实验两用课桌；加强环境卫生工作，建立健全卫生管理工作制度，使整个校园得以美化。

学校开展的一切活动都有一定的目的，不为搞活动而搞活动，走形式。每项活动严密组织、严格要求，不敷衍了事走过场，拿出最高水平，取得最佳效果。无论是上课还是课外活动，都注重培养学生的组织性纪律性，注重对学生进行良好行为习惯的培养训练。

通过上述工作，学校校风明显好转，教学质量、学生素质全面提高，大批德才兼备的职业高中毕业生走向社会后成为用人单位的骨干，受到社会好评。学校连续五年被评为“双文明建设先进单位”、“普法工作先进单位”、“创建卫生城市先进单位”。

浅谈教室的环境布置

教室是学校对学生进行集中教育的主要场所，也是学生学习的主要阵地。学生在教室这个环境里除了直接接受教师有声的教育之外，还会受到教室环境无声的影响和熏陶。因此，我们应该高度重视教室的布置，充分发挥无声教师的教育功能。

首先，在教室环境布置的内容上，要注意根据学生不同年龄、不同年级的特点或围绕某一时期的中心工作来安排，如低年级的内容应该以贯彻《中师生行为规范》、学习《中师生规章制度》、指导学习方法等为主；中年级的应该以深入贯彻《中师生德育大纲》、遵守校纪校规、提高学习效果等为主；高年级的应以巩固学习效果、交流学习经验、努力做社会主义需要的人才等为主。另外，

还可以入学教育、爱国主义教育、法制教育、毕业教育、“五四”青年节、教师节、国庆节、新年晚会等或某一时期的中心工作为主要内容来安排教室环境布置。

其次，在教室环境布置的形式上，要注意新颖、活泼、美观、大方。如黑板上方可书写催人奋进的横额以激励学生；黑板两侧可备有规章制度、作息时间表格以指导学生；教室两侧可悬挂条幅、字画以督促学生；窗台、讲台可摆放鲜花、盆景以陶冶学生；教室的后墙可举办园地、论坛，张贴挂图等多种形式以教育学生等等。

第三，在教室环境布置时，还应该注意突出知识性、师范性、趣味性，为培养和造就优秀的小学教师服务。例如可以撷取徐特立、叶圣陶、陶行知等教育家的名言；可以华罗庚、爱迪生、哥白尼等科学家的轶事，斯霞、魏书生、任小艾等优秀教师的事迹等等作为素材。

“第四，教室环境布置要注意整体协调，防止杂乱无章、缺乏美感和喧宾夺主分散学生的注意力。教室环境的布置也要符合教育规律，既能美化环境，造就良好气氛，又能赏心悦目，陶冶学生情操，起到“随风潜入夜，润物细无声”的教育作用。

课桌椅的卫生要求

（1）课桌椅的卫生意义

儿童少年在学校学习过程中，大部分时间是在课桌椅上度过的。适合身材高度的课桌椅是使儿童少年保持良好坐姿的基本条件。良好的坐姿可以减轻疲劳、提高学习效率，并在预防脊柱弯曲异常和近视眼上能起到一定作用。因此，标准的课桌椅要有适宜高度和高差。这样，对保护视力，预防近视，保证脊柱正常发育，减轻疲劳，提高学习效率，才有一定作用。如果桌椅高差太小，上身必须前倾，使胸腹腔内血管和脏器受压，或以单臂支持上身重力对桌面，而使脊柱呈后凸状态。假如桌椅高差太大，课桌太高或椅子太矮时，必然使眼和桌面的距离过近，写字时两肩上提，或以右上肢横架在桌面上，脊柱也将呈侧凸偏倚状态。

（2）课桌椅的卫生标准

课桌椅应符合的卫生标准是：

①椅高。适合的椅高应该是略低于小腿腓骨头 1cm 左右（在穿鞋情况下）。假如椅面太低，臀部的支撑面甚小；椅面过高，两腿悬吊，或离开靠背两足着地。两种姿势都易疲劳。

②椅深。椅面前后宽为椅深，应相当于大腿长的四分之三。过宽，压迫胸部血管神经；过窄，减少臀部支撑面。

③靠背。椅背高相当于胛骨下角处。靠背分担上体重力，使重心通过坐骨结节后方，才能减少疲劳。

④桌面。分平面和斜面（约 10°）两种。课桌面前后宽等于前臂长加手长。课桌面左右宽以不干扰邻坐写字为限。

⑤桌高。桌高由桌椅高差和椅高之和决定。

③桌椅高差。课桌椅高差是指桌近缘高度与椅高之差，简称高差，桌椅高差等于 1/3 坐高，身高 140cm 以上者应再加 1. 5～2. 5cm。

③桌椅前后距离。椅靠背与桌后缘之间的水平距离等于胸廓厚度加上衣服厚度，再加上 3～5cm。课桌椅前后距离有三种情况：a、正距离（桌后缘垂线之间有一定距离）；b、负距离（椅前缘在桌下）；c、零距离（椅前缘正在桌后缘垂线上）。其中负距离和零距离坐位比较合适。

（3）课桌椅的规格型号

我国中、小学将课桌椅分为 7 种号，小学生用 6～9 号，中学生 9～12 号，这样便于分配、管理，保证绝大部分学生能使用适合身材高度的课桌椅。

平面、斜面双人连式课桌椅及平面分离式课桌椅的卫生标准分别见下表：

平面斜面双人连式课桌椅的卫生标准（cm）

桌椅号及身高组	椅				桌				高差+椅凹深	靠背距离
	椅高	椅深	靠背高（到椅面）	左右长（二人）	桌高（桌后缘）	桌面斜坡宽	桌面水平部分宽	左右长（二人）		
6号110.0–	30.0	23.0	23.0	90.0	53.0	35.0	9.0	100.0	23.0+1.0	21.0
7号120.0–	33.0	24.0	24.5	90.0	58.0	35.0	9.0	100.0	25.0+1.0	22.0
8号130.0–	35.5	25.0	25.5	100.0	62.5	37.0	9.0	110.0	27.0+1.0	23.0
9号140.0–	38.5	28.0	28.0	100.0	68.0	38.0	9.0	110.0	29.5+1.0	24.5
10号150.0–	40.5	30.0	31.0	110.0	72.0	39.0	9.0	120.0	31.5+1.0	26.0
11号160.0–	43.0	32.0	33.0	110.0	76.0	40.0	9.0	120.0	33.0+1.0	28.0
12号170.0–	45.0	34.0	35.0	110.0	80.0	42.0	9.0	120.0	35.0+1.0	30.0

（4）课桌椅的卫生管理

有了标准的课桌椅，还得合理使用，加强管理。

①课桌椅的合理分配，详见下表。

平面分离式课桌椅的标准（cm）

课桌椅号	合适的身高	桌高	桌宽	桌左右长	椅高	椅宽	椅左右长
6	110–	53.0	40.0	100	30.0	16.0	90
7	120–	58.5	40.0	100	33.0	16.0	90
8	130–	62.5	40.0	110	35.5	18.0	100
9	140–	68.0	42.0	110	38.5	18.0	100
10	150–	72.0	42.0	120	40.5	20.0	110
11	160–	76.0	42.0	120	43.0	20.0	110
12	170–	80.0	42.0	120	45.0	20.0	110

②课桌椅的合理安排。第一，课桌椅安排的卫生要求。前排课桌前缘距黑板不小于200cm，最后一排桌后缘距黑板约为850cm。每行桌间的纵走道宽为60cm，两侧的桌椅距墙不少于50cm。桌椅之间要有2～4cm的距离。同一年级各教室内应有2～3种号码的课桌椅，以保证70%～80%的学生能使用适合身材的课桌椅。第二，课桌椅的具体安排。在标准面积的教室里配备双人桌21～24张，摆成三行，前面距黑板200cm，左、右、后及中间都留有够宽的通路。但在实际使用时，大多数学校在一般标准教室里配7×4＝28套课桌椅，两侧及后方无通道。单

人桌配备42~48张，摆成6行，每两行留够宽的通道，每行7~8张单人桌椅，其他安排双人桌。

③课桌椅的卫生管理。课桌椅的管理调整是校医和保健教师的实际工作之一。校医和保健教师在每年开学初，应指导各年级班主任给学生排好座位，按学生身高配给合适的课桌椅，一年调配一次。如果教室中只能配备一二种号码的课桌椅，由于学生身高不断增长，应采用大一号的课桌椅，因为在以后的一年里，学生的身高又将增加5~10cm。详见下表。

按不同年级确定课桌椅的需要量

课桌椅号	小学					初中			高中			合计
	一年级	二年级	三年级	四年级	五年级	一年级	二年级	三年级	一年级	二年级	三年级	
6	7											7
7	20	18	7									45
8	1	10	17	13	8	2						51
9			4	12	19	8	4	1				45
10				3	4	14	15	10	8	6	3	93
11						4	8	12	14	12	10	90
12							1	5	9	10	15	37
计	28	28	28	28	28	28	28	28	28	28	28	308

教室的卫生要求

（1）面积与容积

教室是儿童少年的主要学习场所，在校学习的大部分时间是在教室中度过的。因此，必须使教室有充足的光线和适宜的微观气候，避免过度的拥挤。要保证课桌椅能合理地排列，有充足的容积与合理的采光、照明，以满足教学的需要。我国规定，教室面积小学为 50m^2，中学为 54m^2，容纳学生 50 名，每名学生占地面积为 1~1.08m^2，教室净高不应低于 3.4m，保证每名学生占有 3m^3 的容积。

（2）教室的自然采光

教室的自然采光指利用太阳光线照明。教室内桌面照度的大小，对学生的视觉功能和学习效率有直接影响。柔和均匀的光线既可减轻视觉器官的负担，又能使学生保持良好的视力。因此，必须满足照明条件。冬季照明尤为重要。

①教室采光的卫生要求。使各课桌和黑板面上能得到良好照度；光线分布均匀；避免产生眩目（耀眼）现象；符合教室采光各项指标的要求。第一，采光光线方向。教室单侧采光时，光线应来自学生坐向的左侧，以免造成手部阴影。平房教室可以双侧采光，优点是室内照度比较充足而均匀。而且双侧开窗后可以形成穿堂风，对于加强室内通风也有良好作用。第二，采光窗。教室采光窗应该大些，窗上缘尽可能高些。东西向的教室最好有遮光设备（窗帘布等）。采光窗方向：朝向以南向（或南偏东、偏西）为宜。南向教室在一天内接受阳光的时间较多，冬暖夏凉。双侧光的教室，应该是南北向以南为主。窗上缘：窗上缘愈接近天棚越好。窗上缘与天棚距离不宜大于 30cm。窗下缘：高度不超过学生坐位时的眼水平高度，以 80~90cm 为宜。窗间壁：窗间壁为窗宽的 1/2，以便使室内光线分布比较均匀。窗口附近不应有阻挡物，如高大楼房或树木等。第三，室内采光环境。教室窗玻璃的清洁度、墙壁、天棚及室内设备的色调等采光环境，对教室内采光照明有很大影响。普通玻璃的遮光率为 10%左右，而被尘埃污染的玻璃遮光率可达 20%~30%以上，各种颜色的反射率不同，白色是 70%~80%，浅黄色是 50%，浅蓝色是 25%，浅褐色是 15%，黑色是 1%~2%。因此，为了改善教室采光条件，应将天棚、四壁刷成白色，并通过定期清扫经常保持门窗玻璃的清洁。第四，教室采光指标。教室自然采光应符合各项评价指标的卫生标准。

②评价指标。第一，采光系数。教室窗户直接透光面积与地面面积之比称为采风系数。城市应为1∶4~1∶6，农村应为1∶7~1∶9。第二，室深系数。窗上缘距地面高度与教室进深（室宽）之比为室深系数。单侧光时不小于1∶2，即0.5；对侧光不能小于1∶4，即0.25。第三，投射角，也称为射角，即室内桌面上一点到窗侧所引的水平线与该点到窗上缘之间的夹角为投射角，靠里墙桌面上的射角不小于27°。第四，开角。课桌面上的测定点到对面建筑物顶点的联线同该测定点到教室窗上缘联线之间的夹角叫开角。靠里墙桌面上的开角不小5°。第五，自然照度系数。即室内桌面上的照与外照度（室外开阔处同时间天空散射光照度）之比的百分数。教室桌面上的自然照度系数最低点不应底于1%~1.5%。

$$\text{自然照明均匀系数（\%）}=\frac{\text{室内照度（米烛光）}}{\text{室外照度（米烛光）}}\times 100\%$$

（3）教室的人工照明

教室人工照明多指用电灯、煤气灯照明。①教室照度标准。第一，照度单位。照度单位为勒克斯（lx），也称为米烛光。1烛光的光强垂直照在距离1m处的物体上的照度，叫1勒克斯。第二，照度标准。在一定照度范围内，视力随照度增加而提高。②教室灯具布置。第一，卫生要求。为了要求照度均匀，要求各课桌面上的照明差尽可能减少。照明均匀系数不应小于0.5，即1∶2（人工照明均匀系数等于最低照度与最高照度之比）。均匀系数随灯泡悬挂高度的升高而加大，而桌面的照度却因悬挂高度的升高而降低。因此，要有适宜的悬挂高度。灯泡、灯罩的透明度，墙壁、天花板的颜色也不同程度地影响照明效果，所以教室环境设置应经常打扫擦试，保持清洁。第二，灯具布置。白炽灯：在面积为50(b)的教室里，至少安装六个功率为100W的灯泡，并戴用乳白色灯置；按直角装置，三个一行，共二行，灯泡距离桌面高度为1.5~2m，灯间距离约3m，灯墙距离约1.5m。这样布置，可以保证桌面照度及人工照明均匀系数符合卫生要求。若改用高功率的灯泡，则桌面照度均匀数也随着提高。为避免眩目，应配备保护灯伞。

日光灯：日光灯的优点是发光面积比白炽灯大，经济耐用，使用寿命约为2000~3000h（白炽灯平均只能使用1000h）。日光灯的缺点是：安装费用高，有时有“蝉鸣”，气温低时起动慢，使用时间过久会降低发光效率等。日光灯安置方法和白炽灯一样，在50(b)教室里安日光灯六支，每支功率40W。煤气灯：在暂时没有电力的地区，学校人工照明可使用煤气灯，悬挂2m高，一个教室里不少于两盏。家庭作业时人工照明，也要使光线从左上方来。为了使桌面上获得必要的照明度，可根据灯泡的瓦数适当调整灯的高度。例如，白炽灯60W或日光灯15W日光灯下降至60cm；15W白炽灯下降至30cm，此时桌面均可达到上述的照度要求。学生回家时，使用台灯更为理想。

（4）教室的通风取暖

①教室通风。教室通风换气，在严寒季节特别重要。为了通风良好，可在教室大窗上部安装风斗或小窗。小窗底部为轴，可向室内开放，回转角为30°，窗框左右两则有铁制或木制夹板。室外气流经风斗小窗流向天花板，呈弧形下降，不致使温度骤降。通风小窗口的总面积应为室内地面积的1/50~1/40。除自然通风外，还可以采用人工方法通风，即用动力（通风机）将室内新鲜空气吸入室内，使室内污浊空气排出。南方地区，在炎热季节，除应有防晒装备外，应加强室内对流通风，使气流速度加大，以促进身体的蒸发散热。

②教室的取暖。冬季在北方，要维持室内有合适的气温，同时又要保持空气新鲜，必须在加强通风的同时，实行合理的取暖。

（5）教室设备卫生

教室设备应有利于学生的学习和健康，符合卫生学的要求。教室设备主要包括课桌椅、照明、黑板以及其他辅助设备。教室人工照明度标准为：教室课桌面和黑板面上的照度不应低于100lx，一般教室内应装设40W荧光灯6支，可使课桌面照度达到100lx。黑板卫生要求是表面平坦无光泽，不反光，写字清楚；黑板的悬挂不宜过高或过低；最好用湿布擦黑板，以保障师生呼吸卫生；课桌椅卫生着重研究课桌椅的大小、型式同儿童少年体形、姿势、体位及生理功能的关系，以制定出适合儿童少年发育特点的课桌椅标准，并按标准制作、分配、使用和管理课桌椅。做到合理分配课桌椅型号，坚持课桌椅配套使用；科学地给学生安排座次，定期进行交换；使学生养成正确的坐姿；建立课桌椅卫生管理制度等。

中小学生的作息制度卫生

(1) 学年的安排

学年安排是根据教学的需要、学生年龄的大小以及发育和健康状况等合理地安排一学年中的学习、劳动和休息的时间。

1981 年教育部规定中、小学教学时间如下：

六年制中学（也适用于五年制），全年 52 周，教学时间初中 40 周（上课 34 周、复习考试 4 周、劳动技术教育 2 周）。高中 40 周（上课 32 周、复习考试 4 周、劳动技术教育 4 周）。

初中、高中假期（寒、暑假、农忙假、法定节日）10~11 周，机动 1~2 周。

五年制小学教学时间，全年 52 周，教学时间 42 周，其中上课 36 周、复习考试 4 周、机动 2 周（除国家规定节日外，其余学校掌握）。寒、暑假 10 周。

每堂课时间，小学 1~2 年级 35min，3~5 年级 40min。如校院太小，两种时间有互相干扰，1~2 年级也可安排 40min，但课中必须有 5min 的休息时间，以便活动和上厕所。

(2) 每日作息时间的安排

①课业学习。随着年龄的增长，学生的学习和自修的时间可逐渐增加，文体活动和睡眠时间则逐渐减少，每天学习的持续时间应按不同年龄来规定。例如，根据一年级小学生的年龄特点，头半年每天上课的总节数以 3~4 节为宜。当学习负担超过一定的限度时，则学习能力急剧下降，继续勉强学习时，不仅学习效率很低，而且有碍于学生的健康。小学一二年级学生，每节课中间最好安排 5min 左右休息时间，让他们临时上厕所等。

学生早上到校及第一节课开始的时间不宜太早。否则，一方面可能影响学生的睡眠，以及不能在家里从容地吃早餐；另一方面，时间太早时，教室里的光线也往往较差。因此，应因时因地制宜规定学生每天到校及开始学习的时间。

学生每天的自习时间（包括复习和课外作业），也应按年级适当规定：如四年级学生每天的自习时间以 1.5h 左右较为合适，最长不应超过 2h。在自习中间，还应注意间歇性休息。②课间休息。观察证明，儿童在一节课中，疲劳是逐渐增加的，需要安排课间休息来消除疲劳。在课间休息时，要鼓励儿童到室外去游戏或散步，以消除上课时维持坐势的肌肉紧张，并使大脑皮层和视觉器官得到休息。现代心理学的研究证明，课间休息还能起到巩固学生刚刚所学知识的作用。课间休息的时间不能少于 10min，否则就起不到积极的作用。许多学校将第 2~3 节课之间的休息延长到 15~20min，组织学生进行课间操和眼保健操等活动，这是一项行之有效的好措施。

③进餐。进餐必须有固定的时间，且三餐间隔的时间适中。有些学校考虑到学生早餐吃得较早，与午餐间隔时间太长，因而设法同当地饮食部门取得联系，利用上午第 2~3 节课间的休息时间给学生增加“间食”。这有利于学生的健康和学习，学生与家长都反映很好。

④睡眠。应按不同年龄给儿童规定充足的睡眠时间。在夏季应适当增加午睡时间，有条件的学校则应组织学生进行午睡。

学生每天学习和睡眠的时间安排

时　数	小　学	初　中	高　中
学习总时数（包括自习时数）	不超过 6	不超过 7	不超过 7
睡眠时数	10	9	9

学生放学以后的时间是在校外或家中进行活动的。因此，儿童在校外的作息制度，如进餐、自习、休息和睡眠等，校医和班主任应经常进行了解和督促，以利于提高学校作息制度实施的质量和效果。

（3）课程表的编排

主要根据儿童的年龄特点和工作能力在一日、一周内变化的规律来编排课程表。

在一天中，儿童工作能力变化的基本情况是：在上午9~10点钟达到最高点，然后下降；一般下午1点又重新上升，但不及上午达到的高度。

注意力的年龄特点主要是由机体结构和功能的成熟程度，尤其是由儿童神经系统的成熟程度所决定的。儿童注意力的持续时间随年龄增长而逐渐延长（见下表）。

依据上述原理，在安排课程表时，应将较难的课程（如数、理、化和外语等）放在上午第二、三节；脑力负担较轻，比较容易学习的一些课程（如体育、音乐等），则可安排在下午进行。

不同年龄儿童注意力的持续时间

年龄（岁）	主动注意力的持续时间（min）
5~7	15
8~10	20
11~12	25
13~15	30

由于教学内容相同的课程容易引起大脑皮层的抑制，使学习效率降低，因而在小学安排课程表时，应避免连续上两节相同的课。

在安排一周的课程表时，应考虑到儿童一周内高级神经活动状态的变化情况。一般通过星期天的休息后，兴奋性逐渐提高，到星期二三达到高峰，以后逐渐降低。因此，在星期一和星期六应注意尽可能安排一些比较容易的课程。

在安排二部制的课程表时，要注意使儿童有一个固定的作息制度，以免破坏大脑皮层活动的规律性；还要注意早晨上课的时间不宜过早，下午放学的时间也不要太晚，两部之间交换时，应安排较充裕的时间清扫教室及进行通风换气。

环境卫生

1. 地点选择

①中、小学应设在居民区，方便儿童少年就近上学；学校应有单独的场地、独立的建筑物，不应和其他机构混在一起。

小学服务半径不超过1.5~2km，中学不超过2.5~3km。交通方便的城镇，服务半径可以适当增加。

②建筑的基地应选择地势平坦，易于排水的地段，雨后不应有积水。

③学校的地段应有新鲜的空气、充足的阳光，并位于排出有害气体的工业、企业的上风向。

④环境必须安静，远离交通频繁、喧闹的街道和噪声大的工厂、铁路和车站。

⑤为了防止街道的噪声和尘埃，教学用房应深入校内，离开街道边线15m以上。

⑥校园的地面应无乱石、垃圾，表层土壤如已受到工业废水、废渣的污染时，则应清除，以免损害学生的身体健康。

2. 校地面积与配置

①在中、小学校的地段上，除了有建筑物以外，还应有宽阔的场地，以供儿童少年课外体育活动、课间操、体育课及其他活动使用。

②为了节省用地面积，可采用集中式建筑物。考虑到各年龄儿童的体力负担，建筑物的层数，小学不超过2~3层，中学不超过3~4层为宜。

③我国规定，每名学生的占地面积，小学生为15~20m^2，中学生为20~25m^2，并规定建筑面积不应超过地段面积的20%~25%。

④学校应有4000~8000m^2的运动场，若地段太小，可用2000~3000m^2的运动场，并应有100m以上的直线跑道。

如学校场地面积小，可在附近空地进行体育活动。

⑤选择学校地段时，应适当考虑农业劳动，生物实验用地。

③总务用地与校办工厂应有单独的院落，并与学生活动场地保持一定的距离，以免影响学生学习。

环境道德教育的内容

环境道德，是调节人与自然关系的准则、规范。环境道德教育是人类公德的教育。在我国加强环境教育责无旁贷、义不容辞、刻不容缓。

横向，可划分为社会环境道德教育内容与自然环境道德教育内容；纵向，可划分为幼儿园、小学、中学环境道德教育内容。如下表所示：

横 纵	社会环境道德教育			自然环境道德教育		
	环境知识	环境公德	环境法规	环境知识	环境公德	环境法规
幼儿园	认识身边社会环境	爱护庄稼爱护公物	不浪费食品和水电，不虐待小动物	了解自己生活的自然环境	爱护植物，保护动物，热爱大自然	了解保护环境的规定
小　学	认识自己与社会环境的关系	不随地吐痰，不随地扔废物，不大声喧闹	植树种草，饲养动物，节约能源，爱护设施	认识自己与自然环境的关系	不做污染环境的事，热爱大自然	遵守国家保护环境的规定
中　学	认识人类与社会环境的关系	恪守社会环境公德准则	学习环境法规和人口政策，珍惜土地	认识人类与自然环境的关系	保护环境，防止污染，爱护生态	学习《世界自然资源保护大纲》

以上各环境道德教育内容，是相互渗透又相互区别的，分阶段性层次性的。它体现了人类的集体主义精神和全球的人道主义观点，是人类恪守的基本的环境道德规范、准则。

我国教育的十大危机

1. 60 年代人口的两次生育高峰，必然会造成八九十年代的两个入学高峰，给教育造成巨大压力。

2. 我国文盲估计还达两亿多，这个文盲大军的影响会涉及几代人。

3. 农村知识分子包括教师在内若继续流走，农业现代化无着，又一代人被耽误。

4. 我国教育投资目前处于世界低水平。

5. “文化大革命”期间少培养 160 万大学生，后果即将爆发。

6. 目前教师中约有三分之一是不称职的。

7. 目前的教育系统无法适应未来人才变革的需要。

8. 我国职工文化素质较低。

9. 我们的教育政策长期摇摆不定。

10. “学历主义社会”就要成为威胁。

陶行知主张给孩子“六个解放”

一、解放儿童的头脑，使他们能想。层层束缚儿童创造力的裹头布必须撕下来。

二、解放儿童的双手，使他们能干。孩子双手能接受头脑的指挥，父母不要去包办。

三、解放儿童的眼睛，使他们能看。使眼睛能看事实，多看好的一面。

四、解放儿童的嘴，使他们能谈。特别要有问的自由，以发挥他们的创造力。

五、解放儿童的空间。不要把儿童关在家中，让他们到大自然、到社会去扩大视野。切莫把大人的意愿强加给孩子，压抑他们自身素质的发展。

六、解放儿童的时间。不要用功课填满他们的时间表，要给他们一些空闲时间消化学问。并学一点他们自己感兴趣的东西，干一点他们高兴的事。决不能让儿童去学习人生的机会，养成无意创造的倾向。

学会活教育，别贻误儿童和将来

陈鹤琴是中国现代著名教育家，是儿童教育、儿童心理以及幼儿师范教育的开拓者。1914 年至“五四”前后，他先后在美国霍普金斯大学、哥伦比亚大学学习并潜心研究教育和心理。那时他就决心献身中华儿童教育事业。回国后，他任南京高等师范学校儿童心理学和儿童教育学教授。1925 年他在《儿童心理之研究》《家庭教育》两部传著中，阐述了自己的幼儿教育思想。《家庭教育》一书，被陶行知称为“系近年中国出版教育专著中最有价值之著作”。

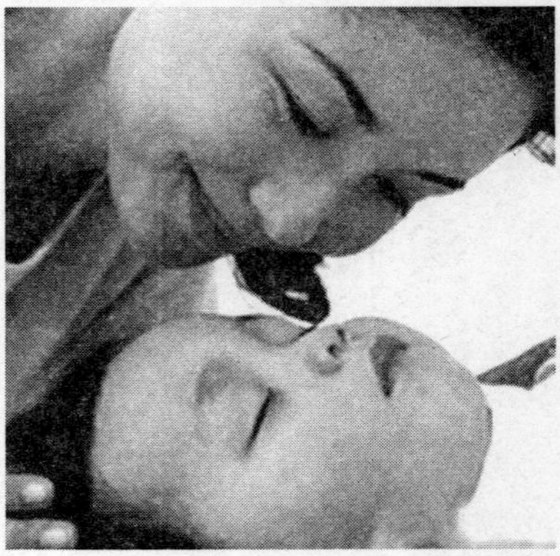

陈鹤琴曾指出：“儿童的命运，将来的前途，大概操在教他们的成人手中。我们不会教小孩子，不知贻误了多少聪明的儿童，埋没了多少天才的儿童。”这里介绍给读者陈鹤琴对活教育与死教育所列的十大区别：

活　教　育

一、一切设施一切活动，以儿童做中心当主体。学校里一切活动差不多都是儿童的活动。

二、教育的目的在培养做人的态度，养成的优良的习惯，发现内在的兴趣，获得求知的方法，训练人生的基本技能。

三、一切教学，集中在“做”，做中学、做中教、做中求进步。

四、分组学习，共同研讨。

五、以爱以德来感化儿童。

六、儿童自订法则来管理自己。

七、课程根据儿童心理和社会需要来编订，教材也是根据儿童心理和社会需要来选定，所以课程是有伸缩性的，教材是有活动性而可随时更改的。

八、儿童天真烂漫、活泼可爱，工作时很静很忙，游戏时很起劲很高兴。

九、师生共同生活，教学相长。

十、学校是社会的中心，师生集中力量，改造环境，服务社会。

死　教　育

一切设施一切活动，教师（包括校长）是中心是主体，学校里一切活动差不多都是教师的活动。

教育的目的在灌输许多无意义的零星知识，养成许多无关重要的零星技能。

一切教学，集中在“听”，教师口里讲，儿童用耳听。

个人学习，班级教授。

以威以畏来约束儿童。

教师以个人主见来管理儿童。

固定的课程，呆板的教材，不问儿童是否了解，不管与时令是否适合，只是一节一节的上一课一课的教。

儿童呆呆板板，暮气沉沉，不好动，不好学，俨然像个小老人。

师生界限分明；隔膜横生。

校墙高筑，学校与社会毫无关系。

“愉快教育”与性格培养

哲人罗素说过：“知识是使人类快乐的主要因素之一。”可是看看我们的小学生，知识是一天天增加，精神上呢，却不都是那么快乐，甚至有不少学生陷入厌倦、苦恼、痛苦之中，因此而辍学者不乏其人。

近年来，这种沉闷的状况有所变，“愉快教育”的出现为人们展示了学生完全可以健康、愉快地学习、成长的前景。国家教委召开了“愉快教育”经验交流会，并将这些经验作为第一批比较成熟的教学改革经验向全国推广，这是一件很有意义的事情。各小学可以以此为契机学习这些经验并探索在本校实行“愉快教育”的路子。

推行“愉快教育”的意义是多方面的，其中重要的一条是培养学生的良好性格。小学时代不打下良好的性格基础，则难以战胜种种艰难险阻。

性格，作为一个人对现实态度和行为方式中经常表现出来的、比较稳定的、具有核心意义的心理特征，有较丰富的内涵。应当注意的是，这些内涵往往是优与劣互相对立的，像坚定与动摇、勇敢与怯懦、勤劳与懒惰等等。还应该注意的是，一个人的性格不是天生的，是在多种因素的综合影响下形成的；不是一成不变的，其优与劣是可以互相转化的。我们小学教育责无旁贷地要为培养学生的良好性格做出努力。

“愉快教育”注重培养学生沿着明确的正确的目标坚韧不拔地前进的性格。对于发展状况不同的学生必须确定不同的目标，但强化各类学生实现目标的责任感则是一致的。科学、可行的目标，能诱导学生“跳一跳”摘“果实”。在跳的过程中，有助于胆小、怯懦、进取心不强的学生克服自身的弱点，磨炼坚毅、勇敢、不怕困难的性格。

“愉快教育”辩证地看待“苦”与

“乐”的关系，不少教师以激发学生兴趣，让学生体验成功的快乐为起点，培养学生勤奋努力、刻苦的性格。实施“愉快教育”的作法之一，是减轻学生过重的课业负担，减轻学生的心理压力，这并不意味着学生可以不勤奋学习。“学问是苦根上长出来的甜果”。学生在有了学习的兴趣，充分发挥自己的能力（有些是潜在的能力）克服困难获得新知后，尝到了学习带来的快乐。这时在教师的指导下，他会更勤奋地争取新的成功。此刻，他不仅从“要我学”转变为“我要学”，而且变成“要下苦功夫学”。困难和挫折，也由学习的绊脚石转为锤炼性格的铁砧、磨石。

“愉快教育”还熔铸着学生乐观、开朗、活泼的性格，实施愉快教育的学校，无不强调“愉快教育”是“爱的教育”，老师要爱学生，爱事业；学生要爱父母，爱老师，爱同学，爱集体，在一个处处充满爱的环境中，困难有人帮你解决，烦恼有人与你分担，对生活的信心越燃越旺，人与人之间的理解、信任、互助升华为真挚的情感，性格怎能不乐观、开朗、活泼呢！

有位科学家说：“我们这一代最伟大的发现：凡能变更心境者就能变更生活”。愿我们有更多的学生能在“愉快教育”中培养自己优良的性格。

批评里的学问

一、渐进式批评。批评要有层次，逐步深入，而不是一股脑儿把批评的信息全部抛出。这种批评方式对自尊心较强的学生非常适宜。

二、启发式批评。以暗示为主要手段，用提醒、启示或提问之类的语言与被批评者谈话。这种批评方式对善于思考、性格内向、思维机敏、疑虑心较重的学生更为适用。

三、及时式批评。对自我防卫心理强，不肯轻易承认过错的学生要及时批评。

四、对比式批评。借助他人、他事使被批评者认识到自己的错误和缺点。这种方式可适用于经历较浅、自我觉悟和自我意识较差，理智较弱、易受感化的学生。

引导学生研究学习方法的几个环节

一、宣传意义。必须宣传掌握科学的学习方法的意义和作用，使学生懂得：正确的“学法”是“学好”的重要条件。学校和教师要通过多渠道、多层次的宣传教育，调动学生渴望掌握“学法”的内在因素的作用，变“要我研究”为“我要研究”，积极探讨学习方法，主动掌握开启知识宝库的“金钥匙”。

二、启发比较。每个同学都有着自己的不同经历和体会。教师可结合教学实际，启发他们回顾、比较、辨析，从而认识到研究学习方法的重要性。学生把自己的成功经验和失败的教训进行比较，从中领悟到研究和运用符合学习规律的最优方法的好处，提高他们研究学习方法的主动性和积极性。

三、传授学法。教给学生学习方法，不光能使学生按照学习规律，有效地掌握知识、运用知识和巩固学习成果，并且要能激发学生自己主动思考与改进学习方法。教“历史朝代顺序歌”，指导学生记忆历史年代，学生便会自动把地理中各省的简称也编成顺口溜，以便记忆。实践说明，教师只要能带头在教学的各个环节中，授之以法，学生便可以在“怎样听好课”、“怎样记课堂笔记”、“怎样搞好预习和复习”等方面创造出适用有效的学习方法来。

四、鼓励探索。中小学学生都是有创造力和富于创造精神的。我们要鼓励他们在学习方法方面大胆探索。当学生探索失败或遇挫折时，要帮助找原因，鼓励其继续思考；当学生在研究学习方法上有所得时，马上给予肯定，使他们看到自己有了成果，进而增强信心，让获得的成绩进一步巩固和发展。

五、帮助完善。学生在探索学习方法时，由于生活基础和知识水平的限制，有的并不完善，甚至很不科学。教师不仅要鼓励他们探索，而且一旦发现他们有所创造就应设法帮助他们完善。

六、指导总结。同学们虽然有过不少因学法不同而效果不同的体会，但却很少能把这种体会提到理论的高度或使之系统化，说不出什么道理。教师应该帮助他们总结。这样就便于学生各自根据不同条件，自我分析。自我改进，不断提高复习质量。

七、组织交流。组织学生交流学习方法，可通过多种途径，采取多种方法：1、平时提倡同学间随时交流“学法一得”；2、班上的“学习园地”或墙报可开辟“学生谈学法”专栏，为大家进行书面交流提供条件；3、每学期组织1~2次学习方法交流会或研讨会，以便汇集经验共大家博采众长，改进自己的学习方法。这样，同学们参加交流的准备过程，就是自我总结提高的过程，每一交流都会推出不少好的学习方法，起到“一花引来万花开”的作用。

八、分类引导。这项工作要贯穿于各个环节的始终。不同年级的学生对研究学法的重要性的理解以及探索和总结的能力也不同。因此，在指导学生研究方法的问题上，必须始终坚持因人而异、分类指导，对不同条件学生，提出不同的要求。

应试教育弊端十种

纵观应试教育的弊端，大致有如下10种：①在教育对象上的局限性。应试教育造成相当多的学生在不同阶段和层次上成为被淘汰的对象。②在教育内容上的片面性。应试教育造成教师围着分数教，学生围着分数学的现象，一切以升学为杠杆。凡与考试无关的学习内容统统放弃了。③教学内容上的表面性。只注重学生的应试能力，教学过程缺乏应有的深度和广度。由于一切围着分数转，所以教学方式不够灵活。死记硬背几乎成了学生主要的学习方式。④教育效果上的虚假性。为了应考而暗渡陈仓，用老师的能力代替学生的水平。⑤挫伤学生的学习兴趣。在分数这根指挥棒下，学生疲于完成大量的作业和一次次应考，使本来能够很有趣味的学习内容成了学生沉重的负担，使学生产生厌学情绪。⑥应试教育冲击了德、体、美、劳各方面。由于德育的欠缺，一些学生甚至不了解做人的起码准则，如有的学生为了攀比摆阔，竟将家里的彩电送去典当，以换取买手机的钱。由于忽视劳动教育，加上家长对独生子女的溺爱和社会上追求奢靡之风的影响，中华民族勤劳的传统美德在学生身上正在被削弱。如不少学生甚至没有生活自理的能力，出现了“会钢琴的手不会系鞋带儿”的怪现象。有的已上小学一年级的学生中午竟还要家长到学校去喂饭。⑦只注重智力因素，忽视非智力因素的培养。智育好像受到了特别的重视，其实也是被扭曲了的，它限制了学生创造力的培养和个性特长的健康发展。由于忽视学生心理素质的训练和健康人格的培养，心理承受力脆弱已成为这一代青少年的普遍特征。学生缺乏承受困难和挫折的心理准备，一旦在学习或生活中小有不顺，便会导致自卑、灰心丧气，以致走向极端。⑧学生缺乏独立思考和解决问题的能力，唯课本和老师的讲授是从，即便遇到明显的知识性错误，也不敢越雷池一步，一切跟着“标准”答案走。⑨学校只强调文化素质实质上是把考试分数当作“敲门砖”，以期用它来敲开重点中学、名牌大学之门。“敲开门”成了唯一的目的。因此，凡与敲门砖无关的大可不管。有这样一件事：有个孩子捡到一元钱，于是高兴地对家长说，这下可好了，可以加分了。还有的孩子干脆直接向家长要钱交老师换分。分数在学生幼小的心灵中已根深蒂固，在他们的心目中，多得分比“拾金不昧”行为本身更有意义。在许多孩子的心灵里“助人为乐”即意味着捐钱、捐物，金钱即等于爱心。⑩过分注重掌握知识的数量，不够注重掌握知识、利用知识的能力的培养。结果，中小学生的书包越来越沉重。

实施素质教育是当前教育改革的主课题

围绕素质教育实施这一主题，现阶段的教学改革将对教学活动的诸多方面作出新的调整。主要包括：

1. 面向结果的教学与面向过程的教学并重

面向结果的教学是指教师在教学活动中以使学生取得令人满意的知识结构作为教学的直接意义。面向过程的教学则是指教师在教学活动中重视引导学生对知识形成过程的理解，并体验这一知识得以产生的基础以及它与其他知识的相互联系等。从主动学习的角度看，面向过程会给学生主体带来一种更高价值。

2. 接受学习与探究学习并重

接受学习可以帮助学生形成必要的科学文化基础，探究学习可以更好地培养学生在认识和实践中所必需的各种能力，它们都是不可缺少的。

3. 智力因素与非智力因素并重

在教学活动中，智力因素与非智力因素在传授和学习知识经验的过程中是相互统一的。但两者在教学过程中所发挥的作用以及各自的发展并非是自发地齐头并进的。听其自然，往往会使它们其中的某一方面变得更加成熟，而另一方面则处于发展的落后状态，两者的真正统一需要在教学过程中做出专门的努力。

4. 统一要求与因材施教并重

现代教学重视学生主体的自由选择和发展的特殊性，提倡每一个学生都依据自身的条件和客观需要去最大限度地发挥主体的能动性，因此，教学活动中统一的模式与个体在目标、结构、课堂、环境等因素上的自由选择都必须占据相当的位置。

5. 教师指导与学生学会学习并重

现代教学过程中教师的指导必须把学生导向学会学习的境地，这不仅是终身教育的要求，而且只有学会学习，学生主体才能具有一种真正参与到教学过程中去的能力。

6. 一般能力培养与创造品质形式并重

能力培养是现代教学目标的重心，创造性是现代人素质结构中最重要的成份。教师在促进学生一般能力较全面的提高的同时，应该对学生创造力的发展给予特别关注。

此外，调整的内容还包括科学文化基础的形成与品德培养并重等等。我国现阶段的教学改革应以一种切合实际的辩证的眼光来考察教学过程中的一系列相关要素，克服和减少改革中的固执一端而带来的负面效应。

素质教育的突破口——个性教育

在基础教育的诸多问题中，忽视个性发展成为一个突出的问题。长期的应试教育往往以单一的课堂教学模式传授知识。这种课堂教学又常常使得很多教师习惯于手执教鞭在教学中搞“一言堂”，在对学生的要求上“一刀切”，把学生完全置于被动地位。这种应试教育无视学生的主动性、创造性，无视学生的个性、“天赋”和个别差异。学生的求知欲、创造性及本应得到充分发展的聪明才智和个性特长都在这种“目中无人”的教育中丧失殆尽。没有自由发展的时间和空间，良好个性不可能形成。这是学生产生厌学情绪和促成学生畸形发展的主要原因之一，也是他们个性中的缺陷——依赖性强，奋斗性差，唯唯诺诺，听凭摆布的原因之一。

因此，在应试教育向素质教育转轨过程中，抓住“个性发展”这一重要环节，注意培养完善学生的良好个性品质，既是现代教育的要求，也是社会发展和个体发展的需要。当前，人们普遍接受了“教育是培养人的社会活动”这个观点，以及教育学揭示的教育的两条基本规律：一是教育要满足社会发展的需要，二是教育要满足儿童身心发展的需要，而素质教育要重视发展学生良好个性正是对“培养人”的具体、明确的表述，是对教育的两条基本规律的客观反映。也就是说，素质教育的一切工作应围绕着如何有效地发展和形成学生的个性，如何帮助学生发展自己的兴趣、爱好、特长、自主性、独立性和创造性，反映教育要满足学生身心发展的规律，符合个性发展的需要。而且加强学生的个性化教育也是社会发展所必需的。因为只有个性的丰富才能带来社会的丰富发展与提高，进而促进整个民族素质的提高。

实施素质教育，确保学生个性发展应注意下列几个问题：

第一，要更新教育观念，树立正确的人才观和质量观

长期以来，由于受应试教育的影响，人们认为只有上大学，当专家，才算得是人才，于是盲目地在分数、学习、知识、智力、大学、成材之间划等号。这样，教育的功能被狭隘地理解为仅仅是培养考高分、升大学的人。事实上，能够升大学的人毕竟是少数，而能否升大学又主要取决于文化考试成绩，这种以考试成绩衡量、评价学生的检测手段，忽视学生的全面发展，忽略学生的个性特征，不利于人才的全面成长。为此，素质教育要转变教育观念，摆脱片面追求升学率的束缚，树立“不求人人升学，但求个个成才”的思想。只有树立了正确的人才观，才能在教育教学活动中，考虑学生个体的差异，以促使学生个性特长的充分发展。

第二，注意每个学生的个性特征

个性特征是以一定的素质为前提，并在后天的生活实践中逐渐形成和发展的。每个学生由于先天遗传素质和后天生活环境、教育的不同，在个性特点上有一定的差异。至于每个学生的兴趣、爱好、才能就更千差万别了。承认并重视个性差异，考虑学生的个性特点、个人的兴趣特长，因材施教，逐渐培养完善学生的良好个性品质。并通过开展丰富多彩的课外兴趣活动，让学生在活动中发“现”自我价值、奋发向上，增加独立性和创造性。

第三，改革课程结构，加强活动课程

素质教育以遵循人的身心发展的基本规律为前提。人的身心发展表现出共性和个性两方面的规律，素质教育应兼顾人的身心发展这两个方面的规律。在课程结构方面要多样化，根据不同地区、不同学生而有所差别。在这方面，我国《九年制义务教育全日制小学、初级中学课程计划（试行）》将课程分为学科课和活动课，必修课和选修课，就是实施素质教育的有力措施。前者有利于从共性入手发展人的素质，后者则从个性入手发展人的素质，这种从单一的学科必修课程设置变为多元结构，必修选修结合的新课程设置模式，为发展个性特长创造了基本条件。

第四，要给学生创造充分的自由活动时间

目前，受应试教育的影响，片面追求升学率的现象仍然存在。教师“满堂灌”，家长搞“陪读”，请“家教”，侵占学生的“自由”时间。于是，学生完全丧失了原本属于自己的自由支配时间，个性发展被压抑。而自由活动则是促进学生个性发展必不可少的途径。在自由活动中，学生可以自主活动，自主选择，自我教育。并能开动脑筋想办法、克服困难、勇于探索，充分发挥每个学生的积极性、主动性和创造性，为以后走向社会、独立生活、独立地从事实际工作打下坚实的基础。自由活动尤其以照顾学生的个别差异，使知识、能力、兴趣、爱好、性格、抱负各不相同的学生都在自己爱好的活动中发挥特长。

第五，要提高教师的个性素质

教师的个性素质指教师的个性品质。教师的品质不仅影响学生知识的学习、智能的发展，而且影响学生非智力因素的发展、品德的形成、人格的塑造。因为素质教育是个性教育，要使学生个性素质得到很好的发展，关键在于提高教师的个性素质，只有提高教师的个性素质，素质教育才能以个性教育为出发点，达到提高整个民族素质的目的。

合作·探索·成功

——小学素质教育的一种新探索

湖北宜昌市铁路坎小学提出了一种实施素质教育的新构想——“合

作·探索·成功”，已取得初步成效。这种模式可以描述为：从创建新型的学校人际关系——合作式关系入手，形成一股教育合力；在这种合力牵引下，师生共同探索自然，探索社会、探索人生，在探索中获得认知与情感的双重体验；在不断探索、不断成功的循环往复中，得到自我激励，即以成功激励新的探索、以成功激励人的自信心和自豪感。在这一模式中，关键词“合作”、“探索”、“成功”包含了它的思想精髓。

合作思想的提出，符合素质教育的目标。一个主动发展的人，他探索自然、探索社会、探索人生的意愿和心灵一定是自由的，而这自由又必然在以一种民主平等的人际关系为前提。因此，该校是把“合作”作为一种教育理念渗透到学校工作的各个方面和各个环节的，并把这种理念转化为通俗的、可以操作的行为模式，诸如合作办学、合作管理、合作学习等。

探索是人类的基本行为之一，无论是对客观世界的认识与作为，还是主观世界的反思，人总是作为活动主体置身其间的。如果以积极的姿态投入，他就会不断地探究、思索、发现，同时也不断地体验着怀疑、惊讶、自豪、成功的喜悦等情感。如果处于被动状态，则只会重复机械的认知动作和单调烦燥的消极情感体验。为唤起学生积极探索，该校重点从三方面入手：

①优化探索环境；②导引探索方向；③教给探索方法。

成功，被视为一种教育的手段。现代社会对公民素质和人才，技术规格的新的、高的要求，是学校教育成功的标识。该校用“激励成功、体验成功、助人成功、自我成功”帮助和激励教师去实现成功。要达到目标，必须激发动机，然后将目标分解、细化，弱化成功的难度，“成功”就伸手可及。在一个个“成功”实现后，及时引导教师尝试一种新的成功评价观：“体验成功”，即不只依赖外在评价，主要靠充分领略和品尝，把成功视为一种内在的体验。内化的结果，找到自信，也找到不足，有了向新的成功进击的经验和准备。在向目标奋进的过程中，强调“助人成功”，视其为“合作教育”的又一诠释，牢固树立“优势互补”、“知识互补”这些观念，走出狭隘的个人奋斗困境，把助人成功的过程当做自我完善的过程，理解“忧患共享”与“成果共享”的内在联系，坚信在“助人成功”中完成“自我成功”。

“合作、探索、成功”模式的探索，最终是为了形成有特色的素质教育模式，这一模式所蕴含的意念可以形象地用“雏鹰奋飞”来表征，该校设计了符合儿童特点的“跨世纪雏鹰行动”方案，按照“雏鹰形象”——“雏鹰理想”——“雏鹰行动”程序实施，收到学生素质提高的效果。

创造力教育的基本途径

创造力教育的基本途径有三条：一是创造力培养有机渗透到各科教学之中；二是将创造力培养贯穿到课外活动之中；三是开设专门的创造力教育课程。这三条途径应互相配合、互相促进，形成合力。

一、基本途径的互补性

面对三条基本途径，我们的任务不是区分孰优孰劣，而应该思考它们各自的特点，在教学中结合起来运用。无论是渗透培养，还是专门训练，对创造力的提高都是卓越有成效的。但不同途径的特点不同，它们在许多方面是互相补充、互相促进的，并且不能互相代替。

创造力可分为一般创造力和应用创造力。一般创造力超越具体领域而存在，对各种应用创造力具有指导作用；而应用创造力是创造力在某一学科或某一领域的实际应用，如语言、数理、技术、艺术等。这二者是相互依存的。将创造力培养有机渗透到各科教学之中，更多的是培养各学科的创造力，是点式培养。在课外活动中培养创造力也必然会以某一项活动为中心，依然是点式培养。同时，这种渗透方式并不以创造力为主要目标，其主要目标是传授知识，因此会受到学科逻辑体系知识发展顺序的限制，致使创造力教育带有零散性、局部性的特征。而开设专门的创造力培养课程能促进学生一般创造力的发展，通过系统的创造力培养，使学生能在更高的水平上自觉用各种创造技法，审视创造过程、评价创造成果。如果说渗透培养是点式培养的话，那么，专门的创造力训练把这些点连成了一条线。二者对于创造力教育来说都是必不可少的。

二、基本途径与年龄阶段的匹配性

创造力教育中，三条基本途径要同时并举，这并不意味着就没有侧重。基本途径的侧重点应与年龄发展阶段相匹配。从总体上说，幼儿园应以渗透培养为主导，而小学特别是小学、中、高年级应以专门训练为主导。

儿童思维的发展是由笼统走向分化的。在幼儿阶段，其思维更多是作为整体而存在，各种思维的界线很模糊，有的刚刚萌芽，还不适宜采用过多专门化的创造力培训。因此，在开设一些专门创造力训练课程的同时，主要是加深与游戏、语言、美术等各种活动渗透的程度。到了小学阶段，儿童思维在整体发展的基础上表现出愈来愈明显的分化性和精细性，形象思维进一步发展，逻辑思维能力初步形成，系统思维和辩证思维开始萌发。同时，儿童的自主性、自觉性也明显增强。这时，可以加大创造力培养课程的比例，以创造力培养课程为主导，带动各门学科的渗透，推动小学创造力的全面发展。

培养创新人才，迎接知识经济挑战

《高等教育法》明确提出："高等教育的任务是培养具有创新精神和实践能力的高级专门人才，发展科学技术文化，促进社会主义现代化建设。"站在世纪的交汇点上，面对知识经济的挑战，落实"科教兴国"战略，实现"两个根本转变"，当务之急是提高全民族特别是大学生的思想道德素质、科学文化素质和创新能力。高等学校肩负起这一历史使命义不容辞。它必须重视素质教育尤其是创新人才的培养，这是形势所逼，任务所迫。

一、知识经济呼唤创新人才

人类社会的每一重大发展，总是以创新人才创造出的创新思想和创新技术为先导的。知识经济时代尤需创新人才的不断涌现，以推动社会进步和经济发展，这是人类攀登高峰，向主观世界和客观世界挑战的力量和源泉。

首先，就知识经济的内涵而言，要求具有较强的创新意识和创新能力。用 OECD（经济合作与发展组织）的说法，知识经济就是建立在知识和信息的生产、分配和应用之上的新型经济。在我们赖以生存的地球上，知识经济确已成为社会发展的主要动力。从知识价值角度看，知识是资源，是财富，是无价之宝。知识价值是知识经济的一种尺度，创新是知识价值的核心。创新是求异，是要创造不同于现有的东西，推陈出新。创新越高，知识价值也越高。人是知识运作的核心，在知识经济化的过程中发挥着举足轻重的作用。也就是说，人不仅是知识经济化的接受者，更是知识经济化的创造者。世界首富比尔·盖茨在短时间内个人资产达到 510 亿美元的经济奇迹，就是由高智力开发软件知识产品而创造出来的。可见，创新人才是我们立足于知识经济时代的前提。从信息的地位和作用看，知识经济是微电子技术、信息技术充分发展的产物，是信息社会的经济形态。信息技术已全方位渗入并影响着政治、经济和文化。在信息社会里，我们要在对信息选择、分析、归类、加工的基础上，通过自己的智慧和创造，形成新的信息或知识产品。而这些工作的完成，要求我们必须具备综合研究、判断、逻辑推理能力和高度的创造意识和创新能力。其次，创新是知识经济的本质特征之一。知识经济是一种创新经济，创新是知识经济发展的动力。勿庸置疑，农业经济和工业经济的发展固然离不开创新，但这些知识和技术创新所经历的时间较长，范围有限。而知识经济时代，技术革命向产业革命的转换周期将更短，唯有持续创新和全面创新，使技术与经济、文化等有机结合，才能赢得和保持竞争优势。在这样一个新知识，新技术不断出现，落后技术加速被淘汰的社会中，缺乏创新意识和创新能力，无论是国家，还是企业或个人，都将失去生存的根基。据有关研究表明，技术对经济增长的贡献率，在 20 世纪初为 5%～20%，70 年代至 90 年代为 70%～80%。信息高速公路联网后，将提高到 90%。这充分说明，在知识经济时代，创新之重要，不创新，就难以生存，难以发展。唯有全面创新，包括知识、技术、制度、产品、市场和管理等创新，才能增强竞争实力和资本。由此可见，下个世纪的经济必将形成对人才，尤其是创新人才的巨大需求。

二、国家发展需要创新人才

面向 21 世纪建设一个富强、民主、文明的社会主义现代化强国，迫切需要培养大批能够担当重任的创新人才。一是适应世界日新月异科学技术革命的需要。进入 20 世纪 70 年代以来，科学技术改造、创造、发展的速度已到了惊人的程度，过去几代人的劳动才能完成的革命，今天只要一代人，甚至 10 年或更短的时间就能完成。伴随着知识经济时代的来临，科技水平和劳动者素质将在国家经济增长和综合国力的提高上起着关键作用。发达国家和发展中国家的差距，本质上是知识的差距——发展中国家的自然资源和人口占世界的绝大多数，但世界上 90%以上的科技投入、科技人员和科技活动却集中在发达国家。说明谁抢占了现代科技的制高点，谁就最终会在未来经济和社会发展的竞争中处于领先和主导地位。面对严峻的挑战和难得的发展机遇，迫切需要科技的发展，知识的创新，根本的一条还是靠教育、靠人才，特别是高等教育培养的人才质量，将直接关系到我国综合国力和国际竞争能力的强弱。因此，我们高校要有紧迫感和忧患意识，实践教育优先发展战略，自觉担负培养创新人才的历史重任。二是实施“科教兴国”战略的需要。回顾建国 50 年所走过的历程，我国科教和经济发展取得了巨大的成就，特别是改革开放以来的 20 年，是我国科技、经济发展的最快、最好时期。但是，如果用理性的目光审视我国科教存在的问题（与发达国家比）——科教投入长期偏低；科技产出效率低下；科技成果转化率不高；科技研究队伍相对较弱；技术引进水平低，创新能力差；教育水平低，国民素质差；科技综合实力在国际上排在中后位置等，那么，我们就没有理由醉心于已有的成就，而更觉差距之大，任重道远。面对发达国家科技教育优势和巨大竞争压力，我们不能坐失机遇，必须励精图治，主动迎接挑战，以全球的眼光、创一流的意识和站在时代发展前列的精神来培养创新人才。我国自 80 年代就充分认识到培养创新人才的重要，以邓小平提出“科学技术是第一生产力”、“教育要面向现代化、面向世界、面向未来”等为标志，尊重知识、尊重人才成为全国共识。党的十五大报告着重指出：“要切实把教育摆在优先发展的战略地位。”强调要重视科技和教育，实施“科教兴国”战略，实现科技进步和经济发展的紧密结合，从而把经济建设转移到依靠科技进步和提高劳动者素质的轨道上来。正在实施的“211 工程”和“技术创新工程”为形成符合市场经济和教育发展规律的技术创新体制与提高高等学校教育教学质量和科研水平打下了良好基础。创新，根本的一条要靠教育，靠人才。我们必须站到教育是基础，是关系民族振兴、经济发展和社会全面进步的战略高度，来认识面向社会经济发展，及结构调整步伐加快的客观实际，尤其是面向21世纪培养大批创新人才的重要性。

三、高等教育必须培养创新人才

江泽民同志在全国科学大会上指出："一个没有创新能力的民族，难以屹立于世界民族之林。"树立创新教育思想观念，进行创新教育是知识经济发展的需要，也是提高综合国力，振兴民族的需要，更是高等学校提高人才培养质量和办学效益的需要。

首先，要在确定培养创新人才的目标上定位。

大学是以文化传承为己任的教育机构，它既具有相对的稳定性，又具有发展性。这种发展性自然要对人才培养目标发生影响。高校的人才培养规格需要根据新形势的发展，在实践中进一步完善。21世纪社会的国际化、信息化、多极化、自由化等特征，要求高等学校要注重对大学生进行素质教育、创新能力和个性发展的培养，使其具有适应社会主义市场经济发展需要的主体意识、参与意识、信息意识、效益意识等，具有综合能力、开拓能力、适应能力、竞争能力、创造能力及良好的道德品质和健全个性。为此，根据党和国家对大学生培养目标的总体要求，结合大学实际和学生特点，坚持实施大学德育目标即坚定正确的政治观，科学的世界观和人生观，牢固的群众观和劳动观，良好的道德观；坚持具有大学特色的"五四四"目标（五爱即爱党爱社会主义祖国、热爱所学专业、爱护大学名誉、爱护公物等。"四文明"建设包括：文明教室建设、文明宿舍建设、文明就餐建设、文明待人建设。"四有"即公共场所有秩序、待人有礼貌、男女交往有分寸、环境分担区有人扫）的基本素质教育前提下，大学在人才培养的指导思想上明确培养具有综合素质和综合能力的人才。在人才培养规格上明确培养政治素质高、基础扎实、专业面宽、动手能力强、上手快、能吃苦、勇于创新、有竞争意识的应用型、复合型人才。毕业生质量调查结果显示，大学培养出来的学生，普遍政治素质高，业务和创新能力强，适应工作快，具有高尚道德品质和吃苦耐劳精神，深受企业、事业等用人单位欢迎。

其次，要在培养创造型的高素质师资上下功夫。从应试教育向素质教育乃至创造性教育模式转变，是一场涉及面广泛的深刻变革。作为教育主导的教师必须首当其冲，以自身的创新精神和创新能力来培养学生的创新精神和创新能力。这就要求教师要遵循邓小平同志的“三个面向”战略思想，从适应“两个根本转变”、实施“科教兴国”战略出发，站在培养创新人才的高度，树立面向21世纪现代教育思想观念，做到既准确掌握本学科知识的体系结构、前沿情况及特点，又了解相关学科的知识；既具有丰富的实践经验，还要有一定的教育理论水平，在此基础上，不断改革教学内容，更新教学手段，改进教学方法，把知识灌输为主变为智力开发为主，增强对学生的吸引力，挖掘学生的潜力，培养学生的创造力，使其不仅学到知识，更重要的是学会怎样学习，具备对知识相当程度的理解能力、消化能力、系统化能力和设计能力。

第三，要在培养学生创新能力上作文章。一是大学生要明确创新能力对自身健康成长的重要，主动学习，主动发展，最大限度地发挥自己的潜能，大胆突破现有知识和已有经验的限制，认真学习和研究新知识，并在学习研究中有所领悟，有所发现，有所创新，不断拓宽和丰富自己的知识面，不断占有新的知识领域，把自己培养成为具有创新意识和创新能力的合格人才。二是健全考核制度，将对学生创新能力的培养纳入知识考核之中，以此体现素质是基础、创造是目的的指导思想。三是在教育教学管理中采取有效措施，鼓励教师进行教育教学方式的改革，鼓励学生进行创新活动，培育有利于创新人才脱颖而出的良好氛围，为学生创造力的发挥营造宽松、和谐的环境。

随着知识经济时代的到来，担负培养高级人才、发展科技文化和促进社会发展重任的高等教育倍受世界各国的重视，同时人们对高等教育能否培养出迎接新技术革命挑战，能否参与全球竞争与合作，能否主动甚至引导一系列社会变革的创新人才提出了更高要求。

培养创新人才是职业教育的方向

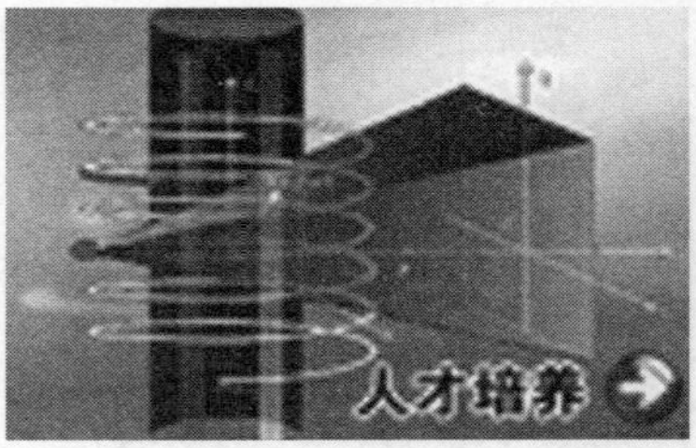

时值世纪之交，人们都在思考着未来的发展。作为教育工作者，更应认真地进行思考，因为未来充满竞争，这归根到底是人才素质的竞争。美国哈佛大学校长普西认为：一个人是否具有创造力，是一流人才和三流人才的分水岭。因为在未来的新世纪，没有创造能力，就只能跟在别人后面爬行，甚至失去生存的权利。这就为我们的学校教育提出了严峻的课题——如何培养创造性的人才，以适应未来竞争的要求。

长期以来，由于我们的教育一直受“应试教育”的影响，忽略了对学生的创造力和基本技能的培养，无形中误导学生只要把书本知识学好，并能够考出好成绩，就达到了理想的境界。整个教育被一个“升学率”所左右，卷入“升学漩涡”中难以自拔。虽然近20年来，我们的教育事业发展很快，但随着经济体制改革的深入，这种传统教育在相当程度上脱离经济、脱离生产，只重书本知识，轻视实际操作技能。求学者追求文凭，学校追求升学率成了教育的最高目标，至于学生是否真正学到了实际的知识和技能，创造力如何，反而是次要的。这就扭曲了教育的真正功能，导致了理论严重脱离实际。

为了适应跨世纪的需要，培养跨世纪的人才，教育必须改革，应把培养高素质的创造性人才作为教育的方向。

职业教育也必须从根本上扭转“轻技能，重文凭”的倾向，把培养创造性人才作为职业教育的重要内容。职业教育本身培养的就是应用型人才，要办出职业教育的特色，就要在“应用型”上更好地下功夫。大兴三职汽车修理专业采用了“双元制”教学，使教学和生产劳动紧密结合。1991年以来毕业了4个班200余人，所培养的学生基本适应岗位需要。学生在校期间都有一年的时间在汽车修理厂实习，通过一年的技能训练，对一般中档车修理可以独立作业。办学几年来，虽然对传统教育有了一些改进，但这还仅仅是开始。

职业教育要把办出职教特色放在教学的突出位置。教育质量如同产品质量，是生命力所在。要加强课程开发，拓宽专业渠道，加快教材建设，加强职业教育研究，逐步使职业教育走上规范化、制度化的轨道。只有这样，才能培养出适合 21 世纪发展需要的创造性人才。

目前的职业教育，往往侧重培养某一方面技能，忽略综合能力，要改变现状，就要逐步提高职业教育的层次，发展高等职业教育，这样才能为培养高层次人才打下基础。

职业教育要加强学校基础设施建设，尤其是建设符合职业教育需要和特点的实习基地。要主动与高校建立联系，要充分调动行业、地方、企事业办学的积极性，聘请相关专业的专家、学者及有丰富实践经验的生产和经营管理人才。

培养创造性人才是整个教育的方向，也是职业教育的方向。实现这一目标，不但要引起全社会的重视，职教工作者更要脚踏实地地工作，为使更多的创造性人才脱颖而出而努力奋斗。

浅谈早期教育的“巧”

最近，美国著名儿童心理学家戴维·埃尔全德教授对目前美国存在一些不恰当的早期教育方式提出了严厉批评。他说：“目前儿童早期教育的不妥之处不是对儿童进行本身，而是一种教育的盲目性：不顾儿童年龄的特点和兴趣爱好，一味地按家长意愿去施教。或追随社会潮流，人学我亦学。这样做的结果不但可能伤害了孩子们的自尊心，而且还可能诱发孩子们的逆反心理，对学习产生厌倦或抵触情绪。”由此，我想，对儿童的早期教育，既要早，更要巧。也就是说，对儿童的早期教育要明确教育的内容，注意教育的方法，在巧字上狠下功夫。

一、把握好儿童各年龄段可接受学习的最佳期

心理学家维果茨基早在30年代就提出了教学最佳期的问题。学习在最佳期内进行，能把现有的潜在水平转化为新的现有水平。如果脱离这最有利的时期，就不利于儿童的学习和智力的发展。所以，我们必须掌握好各时期儿童年龄的学习内容的最佳期。根据试验和有关资料的报道，两至三岁是掌握口语的最佳期，四至五岁是掌握书面语文的最佳期，五至五岁半是掌握数概念的最佳期，六岁左右是掌握大小、方位知觉的最佳期。只有按照各年龄最佳期的学习内容因材施教，才能取得良好的教育效果。

二、掌握好启发性与趣味性相结合的教育方式

我国儿童教育家陈鹤琴先生20世纪30年代就曾说："小孩生来好动的，以游戏为生命的，要知多运动，多强健，多快乐，多常识，多思想。"可是有许多年轻家长在进行早期教育中带有极大的盲目性。如有的家长不是从儿童的实际出发，循序渐进，而是超越儿童的年龄特征和心理发展水平，超前进行儿童不能胜任的智力发展，迫不及待地要求儿童识字、背古诗、学外语、学书法、学绘画等，恨不得一下子把儿童的智力全都开发出来。在教育方法上，有的家长也不是循循善诱，激发兴趣，启发自觉，而是采取强迫、命令，甚至威胁的手段，硬逼孩子学习。如此教育的结果只能导致扼制智力发展、损害身体、发生心理疾病等后果。由此可见，明智的家长应该把握让儿童往游戏中学习的方法，把启发性与趣味性紧密结合起来，寓教于乐，让儿童在自由欢快的游戏和生活中，自然地成长。

三、培养孩子的学习兴趣、良好习惯和各种能力

家长要利用空闲或节假日时间，多带孩子上书店、图书馆，熟悉求知环境。要让孩子知道，老师和父母所讲的动听故事，都是来自书架上各种各样的的儿童读物，从而激起孩子对书本的兴趣。还要多给孩子讲故事。因为故事是孩子最喜欢的一种文学形式，也是培养孩子想象、探索和兴趣的一种最好的途径。孩子听了故事后，会激起对故事情景的幻想及对故事细节的探索，进而激起学习的愿望和兴趣。此外，要注意培养幼儿的观察力、记忆力、想象力和思维能力。在培养这些能力的过程中，要注意启发引导。如在认识桑蚕和菜虫的基础上，引导幼儿观察比较它们的异同点，启发幼儿说出它们的外形特征、生活习性、功用及与人们的关系。通过比较，使之比较精确地认识事物。记忆力的培养可通过幼儿朗诵诗歌、复述故事等进行。同时，还要注意培养幼儿的学习、卫生、生活等良好习惯。如果能在学龄前养成良好的习惯，将使孩子终身受益。

0~2 岁：孩子性格形成的关键期

人的性格不是一成不变的，但是性格一旦形成便有着相对的稳定性。性格的初步形成始于婴幼儿期，这比人们一般认为的年龄要早得多。3 岁的幼儿在性格上已有了明显的个体差异，如果没有足够的外界影响，幼儿的性格会自然而然地沿着原有的方向发展下去。因此，性格形成的关键期是在 0~2 岁。

儿童性格形成的起源是婴儿期的生活习惯，而养成某种习惯则取决于抚养人的养育方式。婴儿正是在家庭环境中，由先入为主的生活习惯和固定的行为方式养成了最初的习性，并以此构成其性格组合中的最基本成分。

从性格形成的起源可以发现，成人所采取的早期养育方式对儿童性格的所成起着制约和导向的重要作用，这一点目前还未能引起人们足够的重视。成人们多习惯于将孩子的性格尤其是不良性格归咎于先天，却没有意识到，恰恰是成人自己在无形之中，以错误的育儿方式促成了孩子的这些性格缺陷。

性格发展的连续性，决定了性格培养必须从孩子一出世就开始。譬如，培养孩子的独立性起步于建立良好的睡眠习惯。西方家庭有让婴儿独睡一室的习惯，在我们中国则不然，即使有足够的空间，婴儿也总是与父母同床或至少是同室，小则到四五岁，大则到十几岁。由于孩子习惯了与成人的依附性，自我意识与独立意识均产生较晚。

养育方式不仅包括诸如睡觉安排、饮食安排、排泄训练、自理能力训练具体的生活方式，而且还包括家长对孩子各种行为的态度以及情感流露的方式，如与孩子身体接触的频度，同孩子说话的语调、语气，对待孩子哭的态度，解决孩子怯生问题的方法等等，抚养人所展示的情感交往方式则直接影响着儿童性格的强度与硬度。婴幼儿的性格正是在实际的生活中、在与成人地相互交往中，经成人潜移默化的影响而沿着一个固定的方向发展。

采取什么类型的养育方式主要取决于人们所持有的养育观念，中国人多认为儿童弱小、易夭折，故应给予全面的保护和照顾，同时认为儿童生活幸福的标志是一帆风顺、不受挫折，这种生怕孩子出危险和刻意保护孩子以免吃任何苦头的意识贯穿于儿童养育的全过程。“不怕一万就怕万一”这句俗语极适合于描述中国人对孩子的安全处处担忧的心态，而成人过度担心的忧虑将不可避免地通过面部表情及言行举止显露出来，从而对孩子的心理起到不良的渲染作用。由于年龄越小的孩子越易受暗示，所以成人的基本性格特征包括性格弱点，极易通过早期的生活途径以心理暗示的方式传导给幼儿。

人们习惯于将“教”与“养”分开，认为“教”是育“心”，“养”是育“身”。但实际上，养育实践不仅制约了儿童的身体发展，同时也制约了儿童的心理发展，而且“养”比“教”对儿童之“心”的影响更持久也更深远。早期养育方式对被养育者性格的影响不仅体现在其儿童时期，还将体现在其整个人的一生之中。

提高幼儿智力的四项建议

1. 提供幼儿开放而温暖的学习环境——可以使幼儿勇于表达，而舒解其过多的焦虑与压力，在身心安全、尊重温暖的环境里，往往可使幼儿的头脑变得更灵。

2. 建立父母恳切的期望——“角色期望”不仅有自我应验的作用，而且往往也会影响一个人的行为型态，恳切的期望，可以激励子女奋发努力，发挥他们的潜能。

3. 让幼儿从游戏中学习——游戏往往就是起于快乐，而终于智慧的一种最佳学习方式。

4. 培养幼儿的思考与创造力——图画书、玩具以及我们周围的环境，都是幼儿思考与创造力的好素材。父母不妨为幼儿提供或设计一个多样化的生活环境，来刺激幼儿们的心智。

受宠儿童的命运

青春期屡遭挫败，或一生总是失意的人，多是受宠儿童。由于习惯了唯我独尊，习惯了被娇宠，习惯了被关注，在步入青春期，独自闯进新生活后，常常遭受挫败。因为感情脆弱，缺少合作精神和自立能力，自然陷入困惑的重围。一般来说，受宠儿童有这样三种心理。

一、欲望满足心理。受宠儿童的欲望满足心理，使其无法与人和谐相处，而感情的脆弱，又加深了对失败的恐惧，能力与智慧自然丧失在自我纠缠之中。在社会生活中，受宠儿童不管其天赋才华如何，几乎无一不与失意的命运相伴随。这不能不说是父母使然。

二、行动依赖心理。由于父母过多地替儿童劳作，承担任务，使儿童丧失了训练，提高自己能力的机会，这种丧失，生长出一种难愈的病症——依赖。在失去依赖，寻找依赖的过程中，感情和精神必然遭受打击，丧失自信心，成为充满忧郁，自卑不快活的人。

三、自我失落心理。失落感，是受宠儿童独自闯世界时，无法抗拒的一种情绪。对于受宠儿童来说，受宠就有价值，全部的自我价值意义都在他人的宠爱中，一旦失去了宠爱，就如同遭到雷击一般不可忽视。

幼儿何时阅读好

作为学龄前孩子的父母，都希望自己的孩子早点学会阅读。但你是否想过：你的孩子适合阅读吗？

幼儿教育专家认为，这个因素的确值得考虑。衡量的标准则以成熟度与学习环境为主。成熟度亦即身体方面的发展程度，例如走路、说话、理解、视觉、听觉等能力。一般说5~7岁的小孩，这些能力才会慢慢成熟。

学习环境则是家庭所能提供的刺激，如果家中具有随手拈来的图书，孩子比较喜欢阅读。

因此，判断孩子是否适合阅读的具体方法是：孩子是否懂得辨别左右方向？是否认识一些简单的部首？对街边的广告是否有兴趣？说话是否流利？如果一切都没问题，那么你就可以引导他阅读了。

幼儿做作业时父母应注意的几个问题

一、尽量保持安静和稳定的作业环境。幼儿的心理过程带有很大的随意性，不能经常有意识地控制和调节自己的行为，注意力容易转移，做作业时易受外界变动的环境和新事物的吸引。因而，在幼儿做作业时应保持安静和相对稳定的作业环境。如：不要有大的音响刺激；不要在孩子面前与客人谈话、说笑；不要在孩子附近放孩子喜爱的玩具等。

二、注意听幼儿的自言自语，及时纠正作业错误。由于幼儿内部语言的不发达，常常借助于外部语言来进行思维。这样，我们可以根据幼儿的自言自语来了解孩子的作业情况，进行必要的辅导。孩子通常在作业顺利时，语句平缓、轻松、自如，遇到困难时，就会出现问题性语言，这时父母给予必要的帮助。

三、要及时给孩子一些作业辅助工具。幼儿虽然已能对事物进行简单的分析、综合、抽象、概括，从而进行初步的逻辑思维，但无论如何这种逻辑思想都具有很大的直观形象性特色。因此在幼儿做作业时，父母要及时给孩子一些辅助“工具”，如图片、纸张甚至筷子等。

四、要注意培养孩子良好的作业习惯。孩子良好的作业习惯要从幼儿起就着意培养。具体要注意以下几个方面：1. 纠正孩子的坐姿，不良习惯会影响视力和身体的正常发育。2. 要培养孩子的有意注意能力。一旦他做作业分心，就要想法把他的注意力引到作业上来，督促他尽快完成。3. 不要让孩子随意乱画乱擦，要让他养成从小作业认真，自己整理学习用品等良好的作业习惯。

培养幼儿智力的方法

幼儿的智力培养分下述几个方面：

1. 锻炼五官。一般来说，要给一两个月婴儿多创造听、看、摸的机会；给3个月以上的婴儿每天听2~3min柔和的音乐，并逐渐延长听音乐的时间；还要有计划地让婴儿看不同颜色，抓玩能发出不同声响的玩具等。

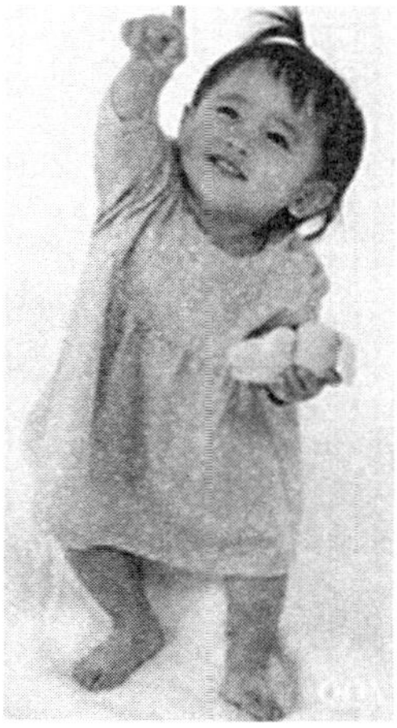

2. 训练动作。从婴儿一个多月起，让孩子握成人的拇指，并帮助婴儿做四肢平举和前举动作；五六个月时，要让婴儿抓成人手站立，或跳跃；会走后，要让孩子做各种动作，让他们爬、走、追、跑，达到动作协调。

3. 尽早教说话。三个月时，婴儿开始咿呀发声，一直到两岁前，儿童的学话积极性特别高。成人要有意识地引导、纠正儿童发音，在发展语言的过程中，使儿童的观察力、注意力、记忆力也得到发展。

4. 培养好奇心。当孩子对周围事物感到新奇时，父母要耐心回答，启发他们动脑筋，想问题。

幼儿教育小学化的倾向值得注意

按学龄前幼儿的生理特点，对他们的教育应该以游戏为主，寓教育于游戏中。但是，值得注意的是，我国目前幼儿教育普遍存在着小学化的倾向（包括在幼儿园和在家里）。造成这种现象的原因是，许多家长“望子成龙”的心理和误以为认字多少是衡量孩子智力的标志。许多家长送孩子进幼儿园的目的就是“为了学字、算算术”。家长们以孩子入园后认字的多少作为衡量幼儿园优劣的标准。同时，相当数量的小学对学龄儿童入学进行汉字、算术等文化课考试，这在客观上也助长了幼儿教育小学化的风气。

幼儿教育小学化，会带来什么不良后果呢？我认为，首先，使幼儿教育在教学内容、课程设置上重复和不能正确衔接，影响了国家制定的教学大纲的执行，打乱了整个教育程序。其次，由于部分孩子在幼儿园和家里学过部分小学课程，当他们上小学正式学习时，因内容重复，便减弱学习兴趣。久而久之，就养成了不守纪律的坏习惯。第二，由于不顾幼儿的心理和生理特点，过早、过多地让孩子长时间地坐在屋里读书、写字，对幼儿施行“学生式”的教育形式，造成了一部分孩子性格上的畸形发展，并造成很多儿童近视眼、驼背、贫血等不正常现象，影响儿童健康成长。第四，由于这一代儿童的父母都成长于十年动乱之中，有的父母文化素质较差，而城市街道和农村乡镇幼儿园教师大多数未经过正规训练，由这些父母和老师教孩子认字、学拼音、读外语、教写字，都不能够规范化，因而造成孩子读音不准，四声不分，写字不按笔序，进入小学后纠正起来十分费劲。

我希望整个社会都来重视幼儿教育，纠正幼儿教育小学化倾向。这是关系到幼儿的体、智、德、美全面、健康发展的一件大事。

如何发现孩子特殊才能

发现学龄前孩子的特殊才能，加以正确的引导，是教育子女成才的捷径。

语言才能　善于记忆，并能背诵诗句和文章；如果你在孩子非常熟悉的某事中更换一个词，他会立即改正过来；喜欢讲故事，并讲得有声有色。

音乐才能　可随乐器伴随歌唱；喜欢听各种乐器演奏，凭声响便能判定是哪一种乐器；可对不同的音响进行评论。

美术才能　爱看画报及美术作品，能凭想象画图，或按照美术作品临摹一些人物和动物，形象比较逼真。

数理逻辑才能　常常提出诸如“什么时候开始的”一类问题；对闪电、下雨是如何发生的这类问题很感兴趣；喜欢对玩具按大小的颜色进行分类，任何图形对他都有吸引力。

空间和知觉能力　很少感到空虚而不知所措；在乘车旅行中常常记界标，喜欢绘制地图和描绘物体。

运动知觉能力　举止优美协调，引人注目；爱跑爱动，反应灵敏，容易学会系鞋带、骑自行车、溜冰等；善于模仿大人的动作和表演；胆大勇敢，什么活动都想试一试。

家庭教育与个性

中国传统文化中的家庭伦理教育，总的来说是一种“吃亏”主义的教育。所谓“吃亏”，就是指在人际交往中持一种忍让态度，例如：两个小孩子在街上打架，如果让任何一方的家长看见了，上去首先打自己的孩子，从不问是非曲直，家长的态度是：“老子天下第一，打了再说。”因为在传统文化中走过来的长辈，总认为“争”就不对，从不问争的内容。因此，中国传统社会中的道德强化教育，本质上是一种“个性弱化”教育，让孩子不要有争论的念头，不要突出个性，“出头的椽子先烂”，凡事大家一样的为好。在家父母打，是为了将来到社会上不挨众人怨，所以中国的父母从来没有认为自己的教育方式有什么错，而悲剧就是在这里出现的。有人说，中国人个性不鲜明，无疑与家庭早期的伦理教育有关，同时也与中庸精神相联，中国人遇到麻烦，最爱说的就是“算了，算了”。为什么要算了，连说话者自己也不明白。

因此，传统文化的养心和修身的家庭伦理教育，就产生了一个重要的社会后果，即一个人的依赖思想。这种依赖主要是对家庭的依赖，在父母面前，即使已年过花甲，也永远是个孩子。而这种依赖主要是通过道德依赖而扩散整个行为的依赖，孩子在社会活动中如果出现了问题，人们想出的第一个指责词语往往是“家庭教育差”。“过错”的责任有一大半要家庭承担。

家庭不良教育的几种类型

虚伪型： 这类家庭的父母在单位、家里和邻里之间当面说一套，背后行一套。平时，教育子女在师长和同学面前讲谎话。

虚荣型：这类家庭的父母总好表现出高人一头，别人不能比自己强，使得子女好虚荣，好妒忌。

享受型：这类家庭的父母好逸恶劳，向往不劳而获的生活。对子女不进行劳动教育，怂恿子女不参加任何社会公益劳动。

冒险型：这类家庭的父母为了追求享受，往往不择手段，不顾法律，什么都敢试一试，对待子女发生的违法行为，常常不以为然，只提醒以后不要被抓住。

动武型：这类家庭的父母在和同事、邻居相处时，常以武力压服别人，教育子女只要“厉害”，别人就不敢欺侮你，就服你。

儿童智力培养实践六法

让儿童更聪明的六种教育方法，家长们不妨一试。

不浪费孩子的智力——当您的孩子开始伊呀学语时就要教他正确的语言。一般应先从身边的人和事物教起。从具体到抽象，如，从“妈妈”到“人”。这是比较科学的规律。

从小培养思维能力——经常提出问题让孩子思考回答。比如，苹果的一半为什么青，另一半为什么红？馒头是怎么来的？通过提问，让孩子展开联想，追踪思考问题，而不是吃完苹果、馒头就算了。

锻炼记忆——比如，给孩子讲完一个故事后，要让孩子自己组织语言复述一下主要故事情节；讲过的知识，要创造条件让孩子有使用的机会；运用不同颜色、形象反复描绘难懂、难记的事物，都能起到锻炼记忆的作用。

逐步提高观察力——家长有时可以有意做一些违犯常规的小事，让孩子来纠正。在日常生活中，要提问孩子，培养注意观察的习惯，使孩子注意观察周围的事物，发现人所未发现的东西。

开阔视野——一个聪明的孩子应有广泛的爱好，而爱好从兴趣中来。对于刚迈入校门的孩子，家长要摸清孩子兴趣趋向，不失时机地加以引导，使其向着理想目标健康发展。

激发学习热情——孩子提出问题，家长一定要认真、全面、正确地予以解答，不能敷衍了事。要扩展知识中的趣味性，使其更适应孩子心理特点，吸引他们把注意力集中到学习上来。

还有从小养成良好的道德品质和生活习惯，尤其要重视对孩子毅力、心理承受能力等非智力因素能力的培养。

巧用故事　开发孩子智能

接叙　讲一段故事，让孩子照事物发展的必然趋势接着讲下去。故事可有几个不同的结尾，激发孩子的创造性思维。

自编　给孩子指定时间、地点、人物、情节，让孩子自编故事。这样让孩子按事情发展顺序有条理地讲述一件事，既能锻炼逻辑思维能力，又可提高口头表达能力。

评论　给孩子讲完故事，让孩子进行评论。提出故事中人物品质的好与坏，有益的情节和错误的作法，提出自己的意见，启发孩子自己教育自己。

遐想　带孩子游戏、游览时，把看到的情景和画面，让孩子随看随讲，哪件事看得越仔细、越具体，讲得也就越形象越生动。从而培养孩子的观察力。

动手　故事讲完后，可引导孩子按故事中的人物形象和情节动手画，或用橡皮泥制作模型，把想的、听的、看的、说的、做的创造性地结合起来，培养孩子心灵手巧。

孩子的智能特点

根据下列的行为表现，你便可以大致判定你孩子的智能特点了：

语言型 善于背诵诗歌和范文；经常纠正你讲故事时的口误；喜欢讲故事，并很有条理。

数理逻辑型 经常纠正你故事中的逻辑错误；经常提一些“天上有什么”的问题；善于按尺寸、颜色、图案等方式将玩具分类。

音乐型 喜欢跟着收音机唱歌，并合拍不走调；能凭听觉分辨不同的乐器；乐意对各种声音加以评论。

空间智力型 很少迷路；外出时能记住去过的地方；善于画图，并能清楚地描述物体。

身体运动型 举投足颇有风度；轻而易举地学会了系鞋手带和骑自行车；善于模仿体育舞蹈动作。

自识型 喜欢表演和作戏；愿意把行为和情感加以联系；善知该做什么和不该做什么。

理解他人型 很注重家长的喜怒哀乐；善于模仿别人；常说“他（她）很像×××”。

家庭教育中的“四鼓励”

最新教育和心理科学的研究成果表明：在孩子的成长过程中，给予的以下四方面的鼓励，是他们成才关键因素之一。

一是鼓励孩子说话。从生理角度上讲，多说话有利改善孩子大脑因长时间沉默或思考造成的缺氧状况，有利加速脑细胞的新陈代谢和脑功能的恢复与提高。从心理发展角度上讲，多说话还有利于诱发孩子的灵感、创造欲，启迪智能。

二是鼓励孩子多串门。串门是社会交往的一种形式，也是孩子走向社会的开端。多串门可以促使孩子性格变得更为开朗，更为合群，也可以帮助孩子形成团结友爱、宽厚待人、助人为乐的优良品质。值得注意的是，家长对孩子的串门时间、地点和礼尚规范，要给予及时的指导和控制。

三是鼓励孩子多与大人交往。美国心理学家哈伯特教授的研究证实，从小善于与成人交际的孩子，要比从小是“孩子王”的孩子有出息得多。他指出，孩子从小与大人交际，有利于孩子形成能屈能伸的心理品质，有利孩子走向社会后，主要的交往对象不是同龄人，而往往是比自己年长的人。

四是鼓励孩子多与困难作斗争。让孩子从小多与适当的困难打交道、作斗争，使他们能不断地体验战胜困难时特有的快感，这对于磨炼孩子的意志，提高孩子承受能力独立处事能力，是十分有益的。

“动人”与“催我”

从前有个故事说，一对兄弟在书房攻读，他们的家法很严，不得越雷池半步。一天，哥向窗外一望，发现红杏朵朵，春光明媚，很想走出书房去观赏春景，又怕弟弟多嘴，向父亲告发，灵机一动，写下：“何物动人，二月杏花八月桂。”他拿给弟弟看，意在激发弟弟春游的兴趣，以便一同出去观赏春光。这样即使父亲发现，也不会遭到严重责罚。哪想到弟弟却提笔回敬了一句：“有谁催我，三更灯火五更鸡。”哥哥一看，有点羞恼。但是看弟弟还专心致志地看书，深受感动，于是给弟弟牙慧吟诗一首：

三更灯火五更鸡，正是男儿读书时，
黑发不知勤学早，白头方悔读书迟。

诗成，父亲突然走进书房来。他看看诗又看对联。知其中原委，提笔写下：“桂杏动人应观赏，鸡灯催我自驱驰。”经父亲这一启发，兄弟二人高兴极了，不闭门死读书，把学习与游历结合起来，学得更加充实有力。后来，兄弟二人同时考取了进士。

故事中的那位父亲能因势利导，恰当地满足孩子的需要，启发孩子们把学习和游历结合起来，以致终成大业。由这些我想到，有些家长望子成龙心切，总希望孩子抓紧时间学习，不问孩子兴趣如何，就连学校组织的有关活动，也认为是瞎忙乎，生怕乱了孩子的方寸，可是在你关注孩子的身体时，能关得住孩子的心吗？希望家长们都能从这个故事中受到启示，在学习之余多让孩子参加兴趣活动，来激励孩子的学习积极性，增长知识和才干。

注意培养孩子的自立意识

据报载，近年来日本大城市的许多家庭，纷纷送孩子到山村去“留学”。另有一则消息说，某地职业农中的三名女生，暑假期间到外地一位种田大户去帮工，一来挣钱交学费，二来也好把学过的东西实习一下。

日本人的做法，意在培养孩子的乡土观念以及与农村的感情。而三名农中女生小小年龄不顾世俗偏见，敢于自立的精神实在令人钦佩。现在，独生子女越来越多，他们生活的环境和条件都相当优越，许多已入学的儿童，早上起来还让家长给穿衣服，饭做好了让家长盛好端到桌上，一遇难题就找家长帮忙……笔者所在学校的学生，大多是十七八岁的青少年，但还有一些人连自己的衣服都洗不好，更不用说补衣、缝被了。

因此说，做家长的注意从小培养孩子的自立意识是相当重要的课题。当然，不一定非得让孩子到“山村留学”，“外出帮工”，我们可以通过一些生活小事逐步培养孩子独立生活的能力。比如对小一点的孩子，可以让他自己洗手帕。洗袜子；到了小学高年级就要帮助父母做饭、洗衣，假日去做些社会服务性工作等。这样做，对孩子是有百利而无一害的。

家庭常规

教育子女要科学化，要学一点儿童心理学。下述几点可供年轻父母参考：

一、不要时常吓唬孩子。不要轻易许诺，许下的诺言要付诸实践。

二、不要总把自己的孩子与胜过他（她）的别的孩子相比，不要总是埋怨他（她）。注意别伤害孩子的自尊心。

三、用严格的但合乎情理的家规约束孩子。对孩子的过错要惩罚得体。要知道，即使是幼儿也有很强的正义感。

四、父母在孩子面前要团结一致。否则，孩子会产生惶惑和不安全感。

五、对孩子所要求的一切不要无条件地一概予以满足。父母赐予孩子最大的满足莫过于让他（她）尝到经过自己劳动而获得果实的快乐。

六、切勿让自己充当完美无缺的角色。孩子们有一定的鉴别力，让他（她）了解到爸爸、妈妈也会犯错误，你将发现与他（她）相处会更容易些。

七、不要用肤浅的溺爱宠坏了孩子。是纯洁、最健康的爱莫过于坚持不懈地培养孩子的自信心、自立能力。

八、要教导孩子从事艰苦的工作是高贵的。让孩子懂得，有益于人类的人生是幸福的人生，而贪图安逸和寻欢作乐的生活是空虚和毫无意义的。

九、不要事事都护着孩子，不要担心他们会遭受到一些小的打击和挫折。逆境能使人锻炼得意志坚强和富有同情心。让孩子知晓人的一生中会遇到许多困难。

十、父母教育孩子要从加强自身的修养做起，孩子往往以父母为榜样。教育孩子不能只是说说而已，父母要身体力行。

独生子女的成长环境和教育条件

独生子女成长的环境有八大优势：

期望优势　父母对独生子女的期待感强，会给孩子以更多的关怀和鼓励，有利于孩子产生进取心、自信心和荣誉感。

情感优势　全家人的爱都倾注在孩子身上，使孩子时刻都感受到父母和社会的关怀和爱护，产生了安全感和归属感。

早期教育优势　父母特别重视孩子的早期教育，使孩子视野开阔，启迪了智慧。

经济优势　家长有较宽裕的经济条件，为孩子的成长提供了良好的物质保证。

智力发展优势　独生子女的智力一般高于非独生子女。

体能优势　多数独生子女的身体素质、健康状况优于非独生子女。

成就优势　独生子女的成才条件优越，成才比例也大。

参与优势　独生子女参予处理、解决家庭事情的机会多，容易培养孩子独立工作能力和民主的性格。

独生子女成长的主要不利因素是没有兄弟姐妹，缺乏儿童伙伴，难以形成团结友爱、助人为乐的品德，缺乏竞争意识和社会交往能力。

独生子女的父母要充分发挥其家庭的有利条件；改变不利的一面，创设一个有利于独生子女成长的家庭环境和教育条件：

1. 创设一个爱的适度的家庭环境。
2. 为孩子创设让其主动活动的环境。
3. 要为独生子女寻找儿童伙伴，给孩子参与社会生活的机会。
4. 教育思想、教育态度、教育方法要一致。

儿童情商建设：一个非常重要的课题

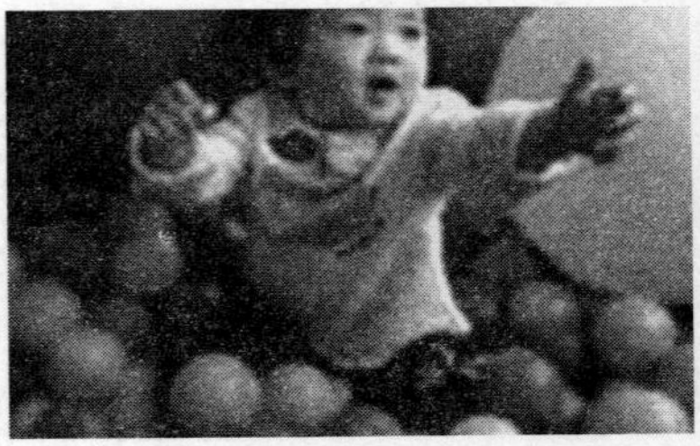

人类一直重视人的智力开发，并且有一个衡量智力的测试系统——智商（IQ），也称为智力商数；现代西方一些杰出的科学家通过大量研究表明，在人的智力商数以外，还存在着另一个生命科学的参照元素，叫做情商，也即情绪商数，简称 EQ。

美国《时代周刊》上一篇文章谈到，情绪商数反映了一个人控制自己情绪，承受外界压力，把握自己心理平衡的能力。经过各种测验和考察，证明了情商比智商对人更重要，它在更大程度上决定了一个人的婚姻、工作和整个人际关系的处理，甚至影响着他的事业成功与否。情商在很大程度上还决定了一个国家、一个社会和一个企业的命运。

情商这一概念的提出，在西方各国引起强烈轰动，成为一种热门话题。有关情商的书籍在世界各国都成为名列前茅的畅销书。

孩子的非智力心理素质建设，现代心理学叫情商建设。

人们从事生产劳动和科学实验，进行技术革新和发明创造等活动都不单纯是由固定的智力因素所决定，也和每个人的个性品质（非智力因素）相关联。一个人的个性与智力因素有机地结合在一起，发挥着人的创造力。中国古代就有“勤能补拙”的说法，即勤奋能补偿某方面能力的缺陷。

心理学家也发现，被广泛应用的斯坦福—比纳测试和韦克斯勒测验，所测得的一般智力得数和智力成就成正相关，但很难测出一个人如何以创造性的新奇独特的方式运用知识和技能，它不能测出创造性。也就是说，智商高并不一定就是高创造者，智商一般的人可能在创造性方面有突出的表现。卡根（1965）通过他所设计的创造力测验所测结果证实，智商在 140 以上的儿童并不都具有创造性。其结论是，一个人是否有创造性，要以智商100为低限，同时还要取决于其他因素。英国的高尔顿认为天才是遗传的，但他也强调热情、勤奋对天才人物发展的影响。美国心理学家推孟（L·M·Ter-man）对150名最有成就的创造者和发明家的研究结果表明，卓越成就也并非只是智力本身的结果，非智力因素也起重要作用。70年代，美国教育总署组织教育学家和心理学家讨论天才儿童的定义，一般认为，天才是由超过中等水平的智力、高度的责任感和创造力等三类基本品质构成的。

从上面一些例证中可以看到非智力因素在活动中的重要性已是不可否认的事实。人的活动。尤其是创造性活动，是受心理的多维结构控制的，是智力因素和非智力因素协同活动的结果。概括地说，非智力因素的影响表现如下：

其一，人格因素对创造风格的影响。富有创造性的人有不同类型表现，一个人在进行活动时，往往以人格品质作为背景，这些品质不知不觉地投射到认知活动过程中，久而久之，便使人形成一套独特的反应方式，或者说是创造风格。在一项对诺贝尔奖金获得者进行的分析中发现，他们虽然都是具有创造性的人，但其思维方式存在着显著差异。爱因斯坦在实验中常用直觉思维采取大胆的冒险决策，迅速而又巧妙地将实验导致成功；另一些人则采用他们自己也难描述出来的玄妙奇特方式进行创造性活动；还有一些人采用的是近乎常规性的思维，按照正常的程序，经过反复试验获得成功。

其二，人格因素直接参与创造活动并影响着这活动顺利进行。吉尔福德在研究中发现许多非智力因素与智力因素有高相关。如与独创性高相关的非智力因素有忍耐、模棱两可和不喜欢秩序性等；与流畅性高相关的非智力因素有冲动性、支配性、自信心等。作为家长，最大的愿望就是希望孩子未来的人生能够美满幸福。对于美满和幸福的定义，主要可以用六个字来概括：成功、健康、自在。也就是说，为了孩子未来人生的美满幸福，就要使他在人生中成功、健康、自在。怎样帮助自己的孩子取得人生的成功呢？对孩子进行智力开发，是当今家长们普遍的尝试。

关于成功，曾经有过这样一个公式：成功=能力+机会。也就是说，一个人的成功是能力和机会的结合。在这里，能力指的是一个人的主观条件，机会是指这个人所处的社会客观条件。

不同的人对于能力可能有不同的定义。总体来讲，一个人的能力是由智力能力和非智力能力两个部分组成的。情商是衡量人非智力能力的重要指标。

中国目前的家庭教育，往往是重视了智力因素的开发和培养，而忽视了非智力因素对孩子未来成功与命运的影响。也就是说，我们缺乏全面发展的家庭教育。

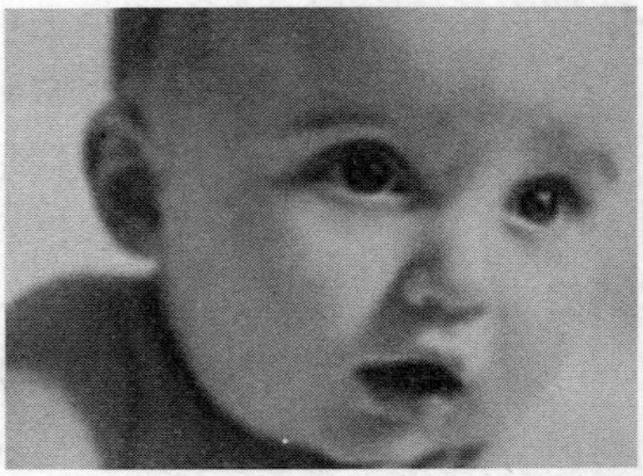

什么是智力呢？智力就是我们观察、认识社会，利用经验和知识解决各种问题的能力，包括观察能力、判断能力、逻辑推理能力、思考能力等等。这种能力，现在的家长都比较重视开发，从胎教就开始了。现在还有早教的概念，就是孩子出生以后就开始的早期教育。

现代科学还有“15 分钟效应”的说法，就是在孩子出生以后的 15min 内，在脐带还没有剪断的时候，让孩子趴在母亲身上，让母亲用手去爱抚他，传达母亲对他的信息，使孩子能够适应生活，更好地接受生命的遗传。孩子慢慢大一点了，各种各样的智力开发，像音乐、美术、认字、数学都开始进行。以致全世界都有这样的趋向，现在的孩子在智力和智商方面比几十年前都有了很大提高。在对孩子进行情商教育的时候，最有影响力的是家长在家庭中，特别是在孩子能看得到的情况下的表现，而且有些表现就涉及到孩子本身。

孩子从小到大，哪怕他特别小，半岁、1 岁的时候，对周围世界都是有感觉的。你对孩子的一点点反应，他都“记录”下来了。比如他不舒服了你是什么反应，他疼一下你是什么反应，孩子热一下、凉一下你是什么反应，孩子哭一下你是什么反应，孩子有这样那样要求的时候你是什么反应，或者孩子有病的时候你是什么反应。

你对待孩子的一整套反应，同时也作为反应程序输入到孩子身上了。孩子以后就会用你的态度来反应遇到的问题。

在教育孩子的过程中，溺爱表现为对孩子特别细致敏感、胆战心惊、生怕这样或那样的态度，这种态度恰恰同时给了弱情商的教育，低情商的教育，给了他们脆弱的生理和心理反应。他们从自己受到的待遇中，从父母对自己的态度中，感受到了对待生活的反应。

可以想象当他们长大以后，对待生活会是一个什么样的态度：当遇到问题时，他们会按照我们输入的程序做出相应的反应。

目前的家庭教育面临着这样两种情况。一种情况就是，孩子刚刚出生，怎样从一开始塑造他的情商。还有一种情况。孩子比较大了，已经六七岁、七八岁，甚至十来岁了，由于过去不太重视孩子的情商教育、心理素质教育，造成孩子的很多弱点。这时候，家长就面临一个问题，如何把这一课弥补过来。

我们采取的主要方法就是中断孩子的旧有逻辑。对你来讲，还有一个最简单，同时也最困难、最重要的做法，就是从现在开始把自己的心理素质重新塑造一下。

因为你带孩子，以后对孩子影响最大的就是你，你对生活的任何反应都很重要。比如家里的事情，你和爱人在外界工作环境中带回来的信息，生活中的顺利与不顺利，孩子身体有什么不舒服，孩子被碰了一下或被摔了一下。

你的反应很重要。如果你的反应是惊慌失措的、软弱的、脆弱的、遇事方寸就乱的，从小给孩子心理造成的重复影响，对他一生都将是一个重要的负面影响。

所以你首先要想，面对孩子我需要重新开始生活，重新塑造自己，使得我自己更安详，更镇静，更坚定，能够更平稳地对待生活，包括对待孩子发生的各种事情。这一点非常重要。包括在孩子生病、不舒服时，你都要反应镇静，要从容，你的反应对孩子的影响是非常重要的，也是其他东西不能取代的。

第二个做法，希望你去了解一下过去的老人，他们有很多孩子，这些老人对孩子恰恰比较乐观，并不是那么惊慌失措、那么在意。你要去感觉一下他们对孩子那种基本的乐观态度。不要像我们现在很多父母那样，似乎把孩子放在一个保温瓶里。那样做对孩子是有害的，从小就把孩子的生命从生理到心理都搞得很脆弱。

上面这两点对于孩子刚刚出生的父母尤为重要。等孩子再大一点，能接受故事的时候，哪怕孩子好像听不懂、似懂非懂的时候，你可以用喃喃自语的方式给他讲故事。无论是讲什么故事，小白兔的故事，小山羊的故事，这些故事的内容及讲述方式，都是为了使他成为心理上真正坚强勇敢的人，拥有独立自主精神的人。

如果你能够注意这几点话，在孩子两三岁的时候，你就已经为他打下了情商教育特别重要的基础。

一则情商实验的启示

国外曾经做过这样一个实验，让一群儿童分别走进一个空空荡荡的大厅，在大厅里最显著的位置为每个孩子放了一块软糖。测试老师对每一个将要走进去的孩子说："如果你能坚持到老师来叫你出去的时候还没把这块软糖吃掉，将对你有一个奖励，再给你一块软糖，就是说你将得到两块软糖。如果你等不到老师来就把糖吃掉了，那么你只能得到这一块。"

实验开始，孩子们依次走进大厅。

结果发现，有些孩子没有控制能力，因为大人不在，他又受不了糖的诱惑，把糖吃掉了。还有一些孩子，知道了刚才提出的要求，认为只要自己能坚持一会儿，就能得到两块糖，于是尽量地控制自己，转移注意力，唱歌，蹦蹦跳跳，就是不看那块糖，一直等到老师来。这样他就得到奖励，得到第二块软糖。

专家们把孩子分成两组：能够坚持下来得到两块软糖的和不能坚持下来只得到一块软糖的孩子，对他们进行了长期的跟踪调查。结果发现，那些只得到一块糖的孩子普遍没有得到两块糖的孩子成功。也就是说，凡是小时候缺乏控制力的，也就是情绪商数弱一点的孩子，长大以后，不管他智力商数如何，在人生中都不太容易成功。

这个研究引发了对情商教育的重视。

我们现在总是过多地重视孩子的生活是否优越，是不是很聪明，可是这孩子在生活中把握人生、把握环境、控制自己、掌握自己的能力往往忽略了。也就是说，按照现代心理学的研究成果，我们把决定一个人婚姻、工作、人际关系、事业、人生、命运的主要的那一部分忽略了。这不是很可惜吗？

由此，我以为孩子不光应当知道什么该做，什么不该做；他还应当知道采取什么做法是能够成功的，对于人生是能够得到奖励的，在竞赛中是能够得分的。

应该从小就培养孩子的这种心理素质。

儿童情商启蒙源于家庭

如果童年时期一再重复相似的经验，将会在孩子心上烙下一生难以磨灭的情感信息，甚至因此决定一生的方向。家庭是我们学习 EQ 的第一所学校，在这个亲密的熔炉中，我们学到许多基本信息，诸如我们的自我观感，别人对自己的反应，如何看待自己的感觉，是否有改变的可能，如何判读别人的情绪与表达自己的喜怒哀乐等。这学习的过程不仅是透过父母对子女的管教，还包括间接观察父母的行为及彼此相处之道。有些父母天生是情感的导师，但反面教材也不少。

无数的研究显示，父母对待子女的方式，对子女的情感生活有长远而深刻的影响。但直到最近才出现具体的科学证据，EQ 高的父母对子女有很大的帮助。小孩子多半善于察言观色，对家庭中细微的情感动态相当敏感。夫妻的相处之道对孩子影响甚巨，父母直接对待子女的方式当然更不用说了。华盛顿大学的卡洛·胡文（Carole Hooven）与高特曼等人曾就教养子女的方式研究夫妻的互动，发现善于处理婚姻关系的夫妻，最能够协助孩子处理情绪的起伏。

参与研究的家庭必须在孩子 6 岁大及 10 岁大的时候接受观察，观察的重点包括夫妻的交谈方式，父母教导孩子玩电玩的情形……看起来只是日常琐事，却清楚地泄露了亲子之间的情感暗流。

有些父母就像安妮与卡尔一样，都是命令的，很快失去耐性，不耐烦地提高声音，有的甚至会骂小孩子笨，其中的轻蔑与厌烦正是许多婚姻根基日益腐蚀的主因。但也有的父母极具耐心，能协助孩子用他自己的方法去学习，而不会动不动抬出父母的权威。这种亲子电玩时间简直是测量父母情感模式的温度计。

观察发现最常见的三种不良模式是：

完全忽略型。这类父母多视小孩的负面情绪为令人烦心的芝麻琐事，过一会儿就没事，却不会利用这个机会拉近亲子关系，或教导孩子处理情感的方式。

太自由任性。这类父母确实注意到孩子的感受，但又放任孩子自行处理，即使是暴力发泄也无妨。他们和第一型父母一样，很少尝试进一步教导孩子选择其他反应方式，只希望平息孩子所有的不愉快，甚至会忽略孩子不要生气或难过。

轻视型。不尊重孩子的感受，这类父母通常言词刻薄，处罚严厉。譬如说曾禁止孩子有任何愤怒的表现，丝毫发怒的迹象都会惹来责罚。如果孩子为自己辩护，父母的典型反应是："你敢顶嘴？"

但也有的父母会利用孩子情绪不佳的机会，上一节初级情绪管理的课。他们懂得重视孩子的感受，努力去了解前因后果（你生气是因为小明伤你的心吗？），进而协助孩子以适当的方式平抚情绪（"与其打小明，你何不先自己玩玩具，等心情好了再和他玩？"）。

父母亲要成为适当的情感教练，本身必须掌握基本的 EQ。譬如是小孩子要学习的第一课是分辨不同的感觉。身为父亲，如果无法分辨自己的悲伤情绪，又如何教导孩子区别失落的悲伤？看一出悲剧的悲伤以及亲近的人发生不幸的悲伤。此外当然还有更进一步的课程，譬如说告诉孩子愤怒常源自被伤害的感觉。

随着孩子日渐成长，他们需要的情感教材也要跟着调整。同情心从婴儿期就开始学习，方法是由父母做出与孩子的感受同步的反应。有些技巧可以在交友的过程中慢慢磨炼，但父母的适当引导可让孩子提早充实 EQ 的基本条件，包括学习认知、管理、驾驭自己的感觉，培养同情心，人际关系的处理等。

父母的引导对孩子的影响非同小可，比较处理情感较擅长及较拙劣的父母，前者的亲子关系较和谐，情感较浓，也较少摩擦。不仅如此，这些孩子也较善于处理自己的情绪，较懂得安抚自己，也较少产生负面情绪。从生理上来看，这些孩子较常能进入放松的状态，压制荷尔蒙及其他情绪激昂的生理指标都较低。这种模式如果能持续一生，对健康很有帮助。其他还有很多社会性的优点，比如这些孩子在同学之间人缘较佳。在老师眼中社交能力较优越。父母与老师都认为这些孩子较少有行为上的问题（粗鲁好斗等）。最后还有认知上的优点，就是较能集中注意力，因此学习能力较好。以IQ相当的6岁孩子做比较，父母较善于做情感引导的孩子，到三年级时数学与阅读能力都较好。这足以证明教导孩子情感技巧不仅是人生的修养，也有助于提升学习能力。洋洋洒洒罗列下来，证明有一个善于引导情感修养的父母，对孩子的帮助是全方位的。

哈佛教授罗伯特与《孩童的道德智商》

你了解孩子的道德智商吗？

他会不会考高分？他会不会进名校？他长大了会做什么？

随着孩子成长，做父母的无时不为孩子操心。但有个问题最让他们担忧：孩子长大后，会不会做个好人？

许多父母对孩子的谆谆教诲，除了希望孩子能出人头地外，其实他们最基本的愿望是，希望孩子能培养正直的品格。

现在，人们除了在乎智商（IQ）外，也热烈谈论情绪智商（EQ）所能发挥的作用。当今青少年犯罪率增加，我们是不是也应该重视“道德智商”（MQ）呢？

哈佛大学教授兼精神病专家罗伯特·科尔斯的新书《孩童的道德智商》，就从他个人养儿育女的经验，及他周围人教育孩子的心得，分享如何培养儿童道德观。

养儿育女绝对不是件有标准答案的事，科尔斯教授提出的一些观察，也许可作为我们的参考和借鉴。

以下是书中举出的一些例子，科尔斯教授认为儿童的道德智商需从他们诞生的第一天起开始培养，认为他们会观察和模仿成人的行为。而且，我们要相信品格胜于知识。

那位小儿科医生对儿童道德智商的理解是：为别人着想的善良小孩子。例如，他曾接触患上血癌而将死去的女孩担心自己会成为一个负担，增加母亲的忧愁；有一名男孩子在车祸中弄伤右手，他不仅为自己感到难过，他更为自己的父亲感到难过，因为他父亲喜欢棒球、喜欢教他打棒球。

因此，道德智商不只是背诵条规得来，我们学习怎么跟人相处、怎么对待他人时，也逐渐形成我们的道德观。这学习过程，是从我们所见所闻而记于心中，而成人的道德行为如何，小孩子是最敏锐的觉察者。

科尔斯教授本身也记述了一难忘经验，当他 9 岁的儿子不听父母的话，玩弄汽车房里的木工器具而弄伤自己时，科尔斯不仅为儿子的不听话感到难过，更难过的是儿子伤得不轻。科尔斯便在雨中开车奔往医院，甚至闯红灯，不断溅湿了路人。这时，他儿子指出："爸爸，如果我们不小心，我们不但不能解决自己的问题，可能还会制造更多的麻烦。"

这时爸爸才意识到驾快车很可能撞到别人，但更重要的是，他意识到正在受伤的儿子也能为别人着想。

要小孩说出他们如何看待成人的道德行为，不是件容易的事，但他们确实也是我们的观察者。当我们想教导小孩时，其实有时我们也可以向他们学习。

"我们从第一天开始，就在传达信号给我们的孩子。"一个母亲在科尔斯教授的讨论会上说。

这位母亲以她姐姐梅丝的儿子为例说，这个小淘气胃口极好，他大概 7 个月后，喜欢喝完牛奶就丢奶瓶。听着奶瓶摔在地上的声音，他似乎很愿意这样做。

一个邻居说："他只是在练练他的肌肉。随他吧，你应该对他这样做感到高兴。"可是梅丝说不，她不希望孩子以为自己喝完了什么，随手一丢，就可以看着别人来替他收拾残局。

梅丝没有打骂孩子，她只是确保每当孩子要喝完最后一口牛奶时，拿走奶瓶，并一边跟他说话或洗脸。渐渐地，孩子就没有再丢奶瓶了，梅丝也即时从第一天开始就教导孩子什么是该做、什么是不该做的。

梅丝让我们看到小于 1 岁的小孩也能调教，不然长大了更难教。如果家长过于溺爱孩子，过于纵容他们，弄巧成拙，成为爱的奴隶。

在小孩进小学前后，他们开始为这世界设想种种原因，如事情为什么和怎么发生的，及他或她应该在不同的情况怎样待人处事。这是小孩的良知开始启蒙的年龄，他们也开始建立自己的一套道德观。这时，小孩也开始建立和巩固自己的性格。

在这个阶段，许多的新知识也随着书本、音乐、美术和运动等形式，引起小孩兴趣。小朋友也开始接触与他们分享知识的老师和教练等。处于这样精力充沛的年龄的小孩，对新鲜事物甚感好奇。好奇和学习心极强，甚至令家长追不上、吃不消。但由于小孩正处于学习和启蒙的阶段，家长也应谨慎地尝试明白小孩是怎么去理解事物的。

到了青春期，青少年开始对自己有了一定的自觉，而喜欢引起别人的注意。可是，即使他们有很多朋友，很多青少年还是感到寂寞和孤单，因他们常常觉得自己的心事、焦虑、恐惧、愿望无法与人分享。这也使得青少年较情绪化和忧郁。因为他们也正开始思索生命意义。

作为家长，面对青少年较难以理解的举动时，不应只一律责备，而应尝试用一颗少年时的心，去理解和开导他们。因为只有有了沟通和理解，才能打开心扉，慢慢建立桥梁，将其纠正过来。

大自然赐给每个人以天才的潜能，但由于没有进行各种智力训练，每个人天才的潜能从没得到淋漓尽致的发挥；并非大多数人命里注定不能成为爱因斯坦式的人物，任何一个平凡的人都可以成就一番惊天动地的伟业。人人都是天才，至少天才身上的东西都可以在普通人身上找到萌芽。

在过去5000年人类文明的历史长河中，真正有资格称之为天才的还不足400人。在整个人类当中，平均每10年才出现一个多一点儿的“没有争议”的天才，这真是人类的一大遗憾！

天才儿童

教师必备知识丛书

超级神童：天才备忘录

在人类发展的智慧谱系上，曾出现过不少在儿童和少年时期具有非凡智力和才能的天才，他们的出现，宛如静夜天空中的朗月，吸引了无数教育家、哲学家、心理学家的不倦探索，也感动着数以亿计的一心望子成龙的普通家庭里的父亲和母亲们。

美丽的坎姆·韩特，6个月时就能说完整的句子，3岁时能阅读自修，6岁念小学一年级并进修高中的部分课程，7岁正式上高中，11岁上高中的四年级，成绩全是甲等，毕业后进入美国密执安州立大学一年级。

诺伯特·维纳，4岁开始读专著，11岁出论文，14岁大学毕业，18岁得哈佛大学博士学位，后来成为控制论的创始人。

日本的三轮光范，1岁零8个月时就能读书、写字，两岁开始写日记，6岁上小学一年级并随广播电台学中国语，11岁时翻译《詹天佑传》，并自费出版。

南朝鲜的金安容，4岁零8个月时在日本电视台作表演，用朝、英、德，日等语言作诗，并能做微积分运算。

德国的高斯，3岁时就能纠正他父亲算帐的错误，9岁时能解级数求和的问题，十几岁时就解决了2000年来的难题：用圆规直尺做正17边形，并且证明了当时大家都证不出的二次互反律，这是数论上第一个深刻的定理，后来他成了世界有名的大数学家。

英国的麦克斯韦，14岁发表数学论文，后来成了物理学家，经典电磁理论的创始人，并以数学形式建立了电磁场的基本方程即麦克斯韦方程组。

法国的伽罗华，17岁在数学中提出群论，证明了一般五次代数方程没有根式解。他的论文送到法国科学院的权威手中，被认为不可理解而丢在一边，在他21岁去世后的十几年里还不能完全为大家所理解，直到四五十年后，他的理论竟成了数学的核心而发扬光大了。

在中国的历史上。战国时秦国的甘罗，12岁当上卿，亲自出使赵国，说服赵王割五城给秦，立了大功。

初唐有名的诗人王勃，6岁善文辞，9岁读《汉书》，并能指出颜师古所做注解的许多错误，称《指瑕》。他13岁写了著名的《滕王阁序》，并留下了“落霞与孤鹜齐飞，秋水共长天一色”的名句。

唐朝的白居易，五六岁就能作诗，16岁赴长安，受名士顾况的赏识。宋朝的晏殊，7岁能做文章，竟同千余进士一块参加廷试，毫不畏慑，挥笔成章。

中国江西省的宁铂，两岁半时就能全部背诵毛泽东诗词30余首；六七岁时攻读医书，能掌握许多中草药的性能及用途，并懂得脉象，准确诊断病情；八九岁学习天文，能用肉眼识别几十个星座，还能掌握它们一年四季的变化规律；11岁学下围棋，半年后，就在赣州市围棋比赛中获得成年组第二名；13岁以优异的成绩考入中国科技大学少年班。

湖南省的谢颜波，11岁就通过自学，达到高中毕业的程度，在学校高中毕业班的数学摸底考试中得第二名，在长沙市高中数学竞赛中得第19名。

在中国辽宁省沈阳市发现了两名智力超常的独生男孩——李小东和郎旭辉。李小东在满周岁时，就会说完整的句子：“姥姥，把小东鞋拿来！”两岁多，已认识了1500多个汉字，三岁零七个月，则能读出报纸上所有的标题，阅读200多本小人书和《新少年》等杂志。郎旭辉八个月就会说话，两岁零五个月便能认识430多个汉字，读写同时还能解释字义。河北故城县王奇飞，四岁就读完了小学一年级课程，考试成绩平均在90分以上，他还能背诵65首唐诗和44首中药汤头歌。他的求知欲极强，两岁多就跟着哥哥、姐姐学《看图识字》，认识了1000多字。

像以上这样的超常儿童，世界上还有许多，这里不再列举。这些足以引起人们的兴趣，去探寻他们成长的足迹。当今的人类，正在热烈地评价、鉴赏看人自身的能力，人们试图在机器的世界里再造人；人们模拟人的器官；人们探索着人类大脑的无穷潜力和神秘性……那么，这个世界能不能在人的自身大幅度、大规模地调整人呢？能不能在有一天，人类需要多少爱因斯坦就造就多少爱因斯坦，需要多少贝多芬就造就多少贝多芬呢？伟大的心理学家威廉·莫里斯在《开放的自我》中写道：

我们拥有很大的内在潜力……我们还不知道怎样开发我们的人力资源。我们还没有设计出一种比原子弹更有威力的心理炸弹，我们能够用原子分裂来释放巨大的物质力量，我们也能够在我们自己封闭起来的力量内部引起分裂，以便相应地释放出巨人的人力。

天才是一种能力品质

在后来的一些理论中，科学家们一直对天才的激发机制的理论表现出新的兴趣——除掉其它一切事情——解决自动的脑力劳动的问题的实际需要和设计计算机在处理发展人工智能的创造性的工作方面的应用。而且，在当今科学中流行的说法是，天才只是研究人的一般潜能的图解模型。

然而，必须承认的是，控制论本身也没有使我们对天才有更深刻的理解。它远远不能解决我们近来产生的许多疑问。由于对这个问题还有许多含混不清的定义，还有许多模棱两可似是而非的观点，对什么是天才的争论就不可能得于最后的解决。那么，解决这个问题的关键则是，让那些最有创造性能力的学生们把关于天才的讨论与天才们本身的思想结合起来进行研究。然而，要促进对这个问题的理解，我们必须首先解决两个问题：既要制定关键的概念——能力、天赋的科学定义，又要按照马克思主义的心理学家那样看待天才。

才能是发挥从事某种活动能力的个人品质。

一个人所显露的才能的水平和程度是由天赋和天才的概念所承认的。由于目前还没有客观标准能够准确标示出才能的水平，要对人才和天才做进一步的识别就不能从才能的术语开始，而只能从两者活动的成果开始。

相应地，人才概念涉及一种能力，这种能力的发挥导致了以创举、新颖、高度完善、具有社会意义为突出标志的成果。

天才，作为人才所能达到的最高阶段，在创造这一特殊领域或“创造新时代”方面表现出最领先的可能性。

许多研究者都承认无意识因素在创造中的极端重要性，强调直觉的特殊作用。毫无疑问，创造是一种由创造悟出一个目标，看到其中的问题，寻找解决途径的复杂过程。但是，直觉——无意识——也是创造过程中的基本因素。抛开一切唯心主义的神秘性质，直觉为大脑的活动提供了特殊的迄今为止还非常缺乏的信息。然而，勿庸置疑，直觉的出现是由于长期思考和过去经验的积累所引起的。

高尔基说过，直觉是从意识中还未形成，思想和概念中还没有出现的印象的积累中产生的。

天才们的创造过程和其他主要因素还包括想象和幻想，这是两种含有改变和转化某些概念的精神活动。

想象是某人根据丰富的记忆并把这些记忆的材料联想结成新的心理统一体，是以后对这些成分在意识中回忆的能力。

想象主要依赖于个人感觉经验的作用。构成想象的原材料，诸如记忆图象、个人知觉及其来源等等，总是由人类活动转化而来的客观现实，因此，它成为人们意识中的新内容。

所以，想象除了是对改造过的现实的反映之外，不可能理解为任何其他别的东西。例如，人可能会被想象为带有两个巨大翅膀的正在飞翔的蓝色的大象，也可以想象为古怪模样的火星上的居民，或者如同其他文学作品中想象的其他特征。

在某些条件具备的情况下，幻想可以发展成为一种创造性，甚至幻想本身就是创造行为的基本要素。列宁在他所生活的时代，就曾经指出，人类精神是通过远离生活现实所容许的“生动想象”这一途径来接近客观事物的。幻想和想象具有极其重大价值的品格。使得那些否定它们在极其严格的科学中的作用的看法都成为一种胡说。列宁说过，“在数学中它也是必要的”。“没有想象，要发现极其艰深的微积分也是不可能的。”

许多人具有令人神往的创造力，反复向人们揭示出情绪对创造效果的重要影响。康斯坦丁·斯拉夫斯基认为感觉是创造的基础和最基本的动力。俄国雕刻家安娜卡尔斯基也发表了相同的看法：“没有情感，就没有艺术作品。”巴甫洛夫在给青年们的信中曾经讲过，热情是成为一个科学家所应具备的品质，“第三个特点是热情”，他说：“记住，科学需要你们的整个生命。即使你们能够获得两次生命，那也是不够用的。科学要求人们做出最大的努力和最高的热情。要把热情献给你们的著作，献给你们的追求。”

这一点似乎可以归结为这样一个结论，任何一个伟大的思想家，都必定对他的思想倾注自己的全部身心。同样，一个缺少热情的人必定不会有任何思想成果。

进入了灵感发生阶段，处于创造性发挥的最佳状态，会使得人们获得极大的快乐，享受无与伦比的幸福，受到极其巨大的鼓舞。这好像创造者完全丧失了他的“我”，而使他自己与他一直沉思的目标融汇为一体，使他能沉浸于他所追求的目标而掌握这一事物所具有的真实本质。

为了表达这种兴高采烈的心情，创造者往往按捺不住内心的喜悦，而大唱大跳，狂歌狂舞。著名的化学家拉瓦锡和奈尔在他们的研究做出发现之后，立即情不自禁地跳起舞来。普希金刚一完成他的悲剧作品《上尉的女儿》就给他的朋友写信说“我的悲剧作品完成了，我自己大声重读一遍，一边读，一边拍手，一边大叫：那是普希金为你们写的。那是普希金的全部心血”。此外，似乎还存在有共同的创造艺术方面重要的一般规律，即天才们都具有形成新的主体的能力。杰出的创造者在他们从事自己的事业时，经常达到了这样的程度：他们不自觉地把他们自己和创造对象的角色视为一体，并把自己的感情归属于这些创造对象之上。柴可夫斯基在写他的剧本《黑桃王后》的最后一幕时，他在日记中这样写道：“在盖尔曼咽下最后一口气时，我失声痛哭。”普希金也曾描绘了这种情景：当他写到他的小说中的女主人公毒死她自己的时候，他使自己的全部感情都倾注于对这个女主人公的怜悯之心。甚至他本人真的变成腹痛、恶心、呕吐，而没有误认为服毒的迹象。

在创造的过程中，把感情投射到自然界、投射到研究对象上去，这并不罕见。法国雕刻家奥古特·路丁发表过富有启发的见解：我绝没有改造过自然，即使我那样做了，也是不自觉的，在创造进行时我的视线被情感弄得模糊不清了，是情感的折光才使他看见了自然。

的确，创造者总是把似乎是本能需要创造看成是“第一位重要的”。柴可夫斯基的自传中记叙道，他决不是靠意志来握手中的笔，而是内心强烈欲望所驱动。莎士比亚也说过，他只有在遏制不住内心本能地急于动笔的意愿时，才肯拿起笔来写作。

许多创造者即做出创造的本人，他们经常把天才们在创造性方面的成功归于他们所具有的最大限度地集中于他们创造目标的能力。赫尔姆赫兹相信他的成功在于他长期地集中于他所追求的一些信念。达尔文在他自传中写道："我打开记录了有关《物种起源》资料的笔记本，这是我过去20年长期思考、从未中断的见证。"巴甫洛夫把他的《大脑皮层功能论文集》一书看成是他在过去1/4世纪中不间断思考的结果。

有一种广泛流行的错误观点，认为艺术中的伟大发现和在科学中的伟大发现一样，有一条认识天才简单方便的途径：或从天而降，或无中生有。

人们公认，许多创造者都是在领悟了某些神奇力量闯入了意识之中或达到了一种"无意识的"、"被占有的"状态时，他们才开始了创造性的想象或创造性的思堆。

莫扎特有一次把他的创造力说成是想象构思、朦胧的起因与昏暗的道路相互影响的自然发生，"我不知道它什么时候产生、如何能够产生，我也不能强迫它们产生"。这个思想使莫扎特写下了这样的诗句："我不知道我将唱什么歌，我只知道我现在正在唱歌。"

高尔基说过："一个小说家肯定是被一些突然推动他的一些他自己无法控制的力量左右着。"

有一次，柴可夫斯基连续3天3夜没有入睡，他站在书桌前，面对一堆各种各样的材料，正在为把它们理出个头绪而苦苦思索，但是，他仍然一无所获。最后，他无奈地上了床，并立即进入梦乡。在他谈到醒来时的情景时，他说："在我睡觉时，我想到了把各种素材整理得非常妥当的清单，我赶紧起来，立即把它写在一张纸上，后来发现只有一处做点改正。"

乍看起来，激发某人进行创造工作的动力似乎是不能预料的，不能控制的。然而，实际上，人类所具有的需要本质，特别是对创造的需要，是受人类活动的社会本质所制约的。

用唯物主义观点看待创造工作背后的动机，应该承认这里有思想上的动力，但是，这些或者以想象和思维的形式或者以意志力冲动的形式在人们头脑中形成的动机或动力都超出了推动社会历史进步的原因。

绝大多数的创造者和具有创造力的学生都强调意志力在创造过程中

的极大价值。

19世纪中叶俄国文艺批评家别林斯基，他把克服困难的坚强意志、顽强不息的信心、巨大的工作能力看成具有天赋人才的整体品格。他说，天才是一个“能够战胜一切、克服一切、决不屈服、决不后退的强烈意志……意志力是成为天才的最基本的特征。是衡量天才的标准”。

那种把灵感看成是不费力气的现象的观点是错误的。实际情况决不是那样。柴可夫斯基认为灵感是一位不喜欢会见懒汉的客人，而是一位愿意会见唤醒懒汉的客人。

柴可夫斯基这句至理名言是他个人经验的总结，他习惯于每天早晨坐在书桌前谱写乐曲。杰克·伦敦也是如此，他每天早晨起来坐在书桌前要完成2000字的定额写作任务。如果你也每天早晨起来坐在书桌前，像创造者那样工作。即使你没有获得成功——你也仍然是在努力着。千真万确，一切美好的事情要求付出艰苦卓绝的努力和毕生追求的毅力。没有百折不挠、持之以恒的精神，也就不可能成为真正的天才。

心理学大师拉赫描绘天才儿童

1975年拉赫描绘了天才儿童克兰肖、泽尔达发展特征。

克兰肖生活在一个情感融洽的快乐家庭里，父亲是个商人，母亲受过高等教育，一家人在社区中表现活跃。家里人都认为他是个好孩子，期望克兰肖能上大学。但如何选择将来，实际上还要由克兰肖自己决定。克生肖现在是一个热情的、适应性良好的孩子，家里人对此感到满意。

克兰肖的发展特征表明，他的发展表现出很大的不均衡性。身体发育相当于11岁儿童的平均水平，而智能却相当于15岁儿童的水平，社交和适应性其学业成绩一样获得了同样好的评价。他无忧无虑，似乎是个天生的领袖。对任何事情都表现出强烈的兴趣，但并不稳定。克兰肖是个肯合作、有责任心的孩子，不仅能很好地完成自己的任务，而且也能帮助别的孩子有效地工作。

泽尔达生活在相处十分融洽的家庭里，父亲是大学教授，母亲获得过英国文学方面的高级学位。全家人经常谈政治、宗教和大学里令人感兴趣的话题，他们把成就和智力操作视为至高无上的事情，而泽尔达则全盘接受家庭里的价值观。

泽尔达是个并不怎么诱人的女孩，圆脸蛋，戴着厚厚的眼镜，给人以书呆子的印象。她服饰整洁而不时髦；有一两个要好女友，但都不是班上的活跃分子。

泽尔达的智力和学业情况与克兰肖相似。她在智力测验中获得了与克兰肖相差无几的高分，但在算术方面比克兰肖略差。在社交方面泽尔达遇到了困难，伙伴们不愿意理她，这使她感到苦恼，而且她还不能理解自己的行为为什么会引起别人的对抗。

从对克兰肖和泽尔达发展特征的描述，可以看出，这样的学生对教师提出了基本的挑战，即要根据他们各自的特点因材施教，既要发挥其长处，又要改正其不足之处，使各自得到和谐的发展。

著名斯坦福大学心理教授论天才儿童

在对智力上和学业上的天才儿童的特点所做的研究中，最有代表性的，还是L. 推孟长达半世纪之久的纵向研究成果。L. 推孟是斯坦福大学的著名心理学教授，他把余生大部分时间都用于研究1920年所鉴别出的1528名天才儿童。他一直追踪了35年，直至1956年去世为止。在研究过程中，他致力于设计和监督研究工作，并出版了一套五本的巨著《天才的遗传研究》。

推孟用团体智力测验和教师提名作为筛选方法，采用1916年出版的斯坦福—比纳智力量表，以智商分数等于或高于140作为大多数被试的最后选择标准；结果用比纳测验选出的1000余儿童的平均智商是151。这些天才儿童大多数有优越的家庭条件，他们的家庭社会经济水平较高，他们的父母比一般美国人多受4~5年的教育，家庭收入的平均数是加利福尼亚水平的两倍多。破裂家庭的比例很小。就推孟所发现的天才组与对照组之间的某些差异而言。智商高与优越的家庭条件可能同样重要。

生理特征 高智商的儿童在体格和一般健康状况方面。超过了一般美国儿童的水平。身高和体重都占优势。医学检查表明，感官器官缺陷、龋牙、姿势不正确、营养不良等症状皆低于美国所有在校学生的平均水平。44 岁时平均死亡率只是总体水平的 4/5。

智力的与教育的特征 1940 年，推孟用较难的成人智力测验对被试重新进行测试。结果表明，被试的智力都超过成人的平均水平，只有不到 10%的被试的智商低于百分数 85 以下。由此，推孟得出结论，聪明儿童长大后还是聪明的。

在推孟的样本中，大约有一半被试在 6 岁前就学会了阅读。天才儿童上大学的比例（男性 90%，女性 80%）是加州总体水平的 8 倍。天才组参加课外活动的也超过平均水平。但是，也有 8%的男性和 2%的女性因成绩太差而在读大学时中途退学（其中的一半又重新入学并且读到毕业）。

兴趣与爱好 天才儿童对文学、辨论术和古代史等抽象科目较感兴趣。而对书法、手工训练等实践科目不甚感兴趣。天才组和对照组的儿童对游戏和运动同样都感兴趣。天才儿童对交际似乎缺少兴趣，这也许是因为他们不喜欢受人控制。

性格测验和品质评定 一项性格测验表明，天才儿童在每一项评定中都处于平均水平之上。他们很少说过头话，也不大会说谎。在情绪稳定性测验中，86%的天才男孩和 84%的天才女孩的得分超过了对照组的平均水平。

心理健康和一般适应性 1947 年对被试进行追踪研究的一个报告认为，大约 80%的被试适应情况良好，约 15%的轻度适应不良，5%的严重适应不良。这一比例略低于严重适应不良的全国估计的比例。犯罪率也远低于总体水平。推孟认为，儿童期的这种优良的情绪适应性在成年后仍将继续保持下去。

结婚、离婚和生育情况 天才组成年后的结婚率基本上与总体水平相近，但离婚率则低于总体水平。推孟对于才组生育的 1525 个后代也进行了测验，平均分数高达 132.7。大约 1/3 的分数在 140 分以上，只有2%在100分以下。

就业和职业状况 1995年关于天才者职业状况的报告表明，天才组中从事专业工作的比例一般是总体的8倍。天才组的收入大大超过了全国平均水平。推孟和奥登将最成功的天才者与最不成功的天才者进行了比较。认为“考虑到所有方面，没有什么比A（最成功的）与C（最不成功的）在成就动机和全面的社会适应性方面的差异更大了”。天才者的成功与其良好的平衡的气质和解脱过度挫折的能力密切相关。

1968年，奥登认为：“所有证据都表明，优秀的儿童成年后毫无例外仍然是优秀的……近2/3的男女都认为自己的聪明才智得到了充分的发挥。

择：其一，咨询辅导，让低成就者和一个富有同情心的有技能的听者一起。去探索自己对己对人的态度。然后改变这种使他在学校里不断遇到困难的态度。其二，对课堂环境进行一些有计划的改变。以使学生改变自己的性格模式。长期的不能充分发挥潜力乃是一种完整的生活方式。只有经过最持久的强化教育和个人关怀才可能改变。

1980年，惠特莫尔报告了成绩不佳的低年级天才儿童从一种强化性特殊班经历中获得的积极成果。原因在于特殊班的教师致力于形成儿童的自我概念。增强其冒险动机和争取优异成绩的动机。她认为，当低年级儿童的抗拒模式尚未根深蒂固时，就实行这种办法。是非常重要的。

不同文化背景的天才儿童

以往对不同文化的天才儿童的研究，提供了两点重要的情况。一是在任何一个民族和种族中都能找出高智能的儿童。二是不同民族和种族中天才儿童的百分比有明显差别。社会学家一般认为，有的文化能产生一些有利于天才儿童的条件。这种优势能使天才儿童充分地发展其认知能力。而特定的价值体系似乎比别的东西更能促进智力天才的最大发展。例如，推孟、奥登和科尔曼分别考察了犹太人和东方人家庭中的天才儿童。这两种文化都鼓励脑力活动方面的职业，尊重“学者”在家庭和社会中的作用。因而这两类文化家庭中天才儿童比例普遍地高。

为不同文化背景的天才儿童制定的特殊计划主要强调两个方面的问题：第一，如何有效地识别不同文化的天才儿童第二，如何设计合适的特殊课程。

（1）在学校中找到有足够难度的有趣的事情；（2）愉快地经受别人的玩笑；（3）要避免发展到对权威采取否定态度；（4）不要与周围环境相隔绝；（5）防止养成狡诈习惯。

能力非凡儿童对社会的潜在影响很大。但认为任何教育体系都会改变自己的教育计划适应这些儿童，这也是不现实的。实际上，对这些儿童给予一定程度关注，比如个别加以辅导和师承于其他有天才的人。就能使之表现出来教师对于特殊能力的发展有十分重要的作用。1979 年费尔德曼对小学时就在棋类和音乐方面达到相当造诣的早熟儿童进行了单独的研究。他认为，不管儿童如何有才能，如果要充分发挥自己的潜力，达到熟练行家的水平，都必须经过好多年的严格训练。这是很有意义的。

超越社会规范的天才女孩

传统的“妇女角色”有两个基本要素。即，妇女不能像男子那样富有冒险性：妇女不应该进入某些特殊的兴趣领域。研究资料表明，许多天才的和有特殊才能的女孩顺从地接受了这些“社会规范”。

传统的性别角色妨碍着天才妇女或女孩的发展，这已引起了越来越多的有识之士的重视。现代社会对妇女的适当作用或地位的看法正在发生重大的变化，这为天才妇女的较为自由、较有创造性的智力生活提供了清新的环境。而且，一些杰出的妇女已经克服了以往文化的偏见和束缚。但旧有的秩序仍然在许多方面起着作用。

1977 年福克斯指出了为使天才女孩有机会在数学和自然科学中获得充分的发展，需要克服的障碍有：（1）父母对性别角色的定型看法。

这种看法使父母对女儿的期望和要求与对儿子的不同。这在数学成绩和职业目标方面的表现尤其明显。（2）教育者对性别角色的定型看法。这种看法不是鼓励女学生学习高级的数学和自然科学课程，承担高水平的智力工作，而是加以阻止。（3）青少年同样，尤其是男性对性别角色的定型看法。（4）宣传媒介和教科书所强化的对性别角色的定型看法。

尽管存在着种种障碍，但还有不少天才妇女做出了很大的成就。这一点是令人鼓舞的。

六种天才儿童的家庭环境

有人说，天才儿童是期望过高的父母逼迫和推动的产物。人们普遍认为，那些父母催逼着要他们早成才的儿童，最终只能是充满怨恨，不服管教，精神压抑，长大后对获取成就全然失去兴趣。故而奉劝天才父母不要干预孩子，要让他们像正常儿童一样玩耍。

然而，这种观点恰恰反映出我国文化对儿童的期望值太低，满足于获取一般水平的状况。今天，在一些技术匮乏的文化国度里，儿童很早就得参与成人的活动。日本对儿童学业方面的期望就比美国高。

天才儿童的确有时会对自己天赋领域失去兴趣，但这很少是家庭逼得过甚的缘故。导致儿童丧失学习兴趣的原因除逼迫过分外还有以下几个方面：有的父母出于一己私利剥削自己的天才孩子；有的父母独断专行，不给孩子自主权；有的父母还剥夺孩子情感上的交流。

天才儿童的家庭环境概括起来有以下6种：

1. 天才儿童在家庭中占有“特殊的地位”：他们常常不是头生就是独生子女。

2. 天才儿童生长在“丰富多彩”的环境中。

3. 天才儿童的家庭是以儿童为中心的：父母几乎将所有精力都用到确保孩子在显露天赋的领域接受早期教育上。

4. 天才儿童父母的内驱力强：他们不仅率先垂范，定出高标准，而且对孩子的成就的期望值很高。但是，如果父母过分热心，喜爱孩子的成就胜于孩子本身，天才儿童就有逆反心理和半途而废的危险。

5. 父母给孩子相当多的自由。

6. 最益于才能发展的家境环境是：一方面将高期望值与激励相结合，另一方面还应将高期望值与对儿童的养育与支持相结合。

中外名人成功启示录

教师必备知识丛书

马克思——“思想的人，实践的人”

弗兰茨·梅林在他的《马克思传》中曾这样评论马克思，认为他是思想的人和实践的人的完美结合。他认为，如果只看到马克思思想家的一面而看不到他作为战士的一面，那就错了。无论什么肘候，只要有参加革命实践的机会，马克思便立即停下他的研究，搁下笔来，去参加实际的斗争。正是这些斗争的实践，使马克思从一个革命民三主义者走向共产主义者；也正是对这些革命实践的总结和研究，使马克思创立了人类伟大的学说。实践能改变人的世界观，实践能创造革命的真理，马克思的一生清楚地说明了这一点。

博学多才的青年马克思曾是青年黑格尔派的中坚分子，也是费尔巴哈学说的信徒，这时的马克思的思想还多少具有自由主义和浪漫主义的色彩，真正使马克思转向革命民主主义和完成向共产主义的转化的决定因素，还是他参加革命斗争的实践。1842 年 4 月，马克思因生活所迫需要找一份工作。后来他接受了《莱茵报》主编的工作。正是这一工作，使马克思有机会接触广大贫苦人民的生活，了解他们，同情他们，揭露那些剥削人民的贵族地主。理论和精神的研究降到了次要地位，马克思所关心的更多的是经济利益和实际问题，他从精神世界回到现实社会。在《莱茵报》的 5 个月使马克思的世界观发生了重大的变化。在以后的研究工作中，马克思经常深入到工人中间，参加他们的集会和斗争。他不再象以往那样从精神出发去研究问题，而是从实际出发去进行思考，并试图以社会存在去说明社会意识的实际状况，从而大踏步地迈向历史唯物主义。深入基层，深入实践，不但使马克思完成了向共产主义的转变，而且使他成为科学共产主义体系——马克思主义的创始人。

要做思想的人，更要做实践的人。青年人只有到基层去，投身于实际生活的锻炼，才能了解社会，了解人民；才能对客观世界有正确的看法。正如马克思在谈到青年职业的选择时说过的："较多研究抽象真理，而不深入生活本身的那些职业对青年来说是最危险的。"

列宁——我的帆永不弯折

1887 年 5 月 28 日，列宁 21 岁的哥哥亚历山大因刺杀沙皇遇害，这极大地启发、激励、坚定了列宁把投身推翻沙皇黑暗统治的革命作为终生选择的信念。

同年 8 月，列宁进入喀山大学法律系学习。他之所以选择法律专业，一方面是因为法律系是当时喀山大学唯一研究社会经济、政治问题的系，另一方面是考虑到司法活动将对自己未来的革命活动起到一种合法的掩护作用。他说："现在这样的时代必须研究法学和政治经济学。在别的时代，也许我就选择别的学科了。"

不久，列宁因积极参加学生的革命活动被捕入狱。在狱中，他和同志们讨论今后出路时说："今后在我面前只有一条道路——为革命事业而奋斗。"当时年仅 18 岁的列宁就这样经受了他人生中的第一次革命洗礼，从此把自己的全部生命与反对沙皇独裁专制制度、反对资本主义剥削压迫、解放劳苦大众事业紧密结合到了一起。

后来，列宁被放逐到喀山市界。这期间，他因为有了奋斗目标而更加刻苦学习。他按照大学法律系的教学大纲，顽强地进行自学，同时广泛涉猎，深入钻研了马克思的《资本论》俄国伟大革命民主主义者车尔尼雪夫斯基的《怎么办》等著作。

1891 年，经过反复要求和多方面争取，列宁终于被允许以校外生资格在彼得堡大学法律系应试，结果他以全部考试科目的最高分获得了优等毕业证书。此后，他开始在萨马拉地方法院担任律师助理，一面进行秘密革命活动，一面忠实地充当贫苦农民的法律辩护人。

1893 年秋，列宁开始在彼得堡进行革命活动。他除印传单、做演说、写文章外，还经常深入到工人群众中去进行政治鼓动。他在工厂车间或工人宿舍向工人们讲解《资本论》，为他们指出受剥削、压迫的根源，鼓励他们起来为自己的解放而斗争。他常和工人们高唱一首《船夫》歌。

毛泽东——到实践中探寻真理

毛泽东在学生时代就特别注重深入社会实践。1913 年初，20 岁的毛泽东在经历了 6 年私塾、3 年务农、半年当兵、半年自学的复杂生活后，带着对祖国、民族前途的忧虑与思考，在湖南第一师范度过了 5 年半的时光。他非常好学，而且讲究实践，不但善于读“死”书，还善于读“活”书，读社会这本书。1916 年夏天，他利用暑假，邀同窗好友蔡和森，一把雨伞，一条毛巾，一双草鞋，徒步游历了浏阳、湘阴、岳阳几县，历时一个多月。途中，他们风餐露宿，与农民交谈、劳动，了解地主的剥削和贫农的痛苦。毛泽东将掌握的第一手材料写成文章寄湖南《通俗日报》，用深刻又流畅的文笔揭露社会中的丑恶现象。对中国农村的实地考察，更坚定了他改造中国社会的信念。

他十分注意在实践中锻炼自己的组织能力和办事能力。从 1915 年起直到 1918 年毕业为止，他一直担任校学友会（原名“学生自治会”）的领导工作，或作文牍，或作总务（即总干事），并兼教育研究部部长。在任学友会总务时，学友会工作开展得非常活跃，经常召开成绩展览会、体育运动会、自由演讲辩论会以及各种专门问题的学术研究会，引导学生刻苦钻研学问和锻炼体魄，做到强毅有为，任重致远。学友会的工作，使他组织群众的才能得以充分发挥。

毛泽东一贯同情和热爱劳动者，痛恨工农不能求学的不合理现象。1917年，他满腔热情主办工人夜校，亲自教课，提任“管理”，筹划有关办学的大小事宜。通过办夜校，他取得了联系工人的初步经验，同工人阶级建立了最初的感情。

1918年4月，他和一批志同道合的朋友正式成立了对湖南以及整个中国的命运影响很大的革命团体——新民学会。1918年6月，他从湖南第一师范毕业。受十月革命的影响，“向西方国家寻找真理”成为那时许多青年向往的事情。毛泽东在湖南发起了留法勤工俭学活动，为中国革命准备了一批干部。但他觉得中国有许多事情需要深入的研究、调查，因此决定自己不出国，留在国内从中国现实中探索救国救民的道路。

周恩来——光辉的选择

19世纪末到20世纪初是中国历史上极其黑暗的年代。当时辛亥革命已经失败，袁世凯窃夺了胜利果实，军阀混战，帝国主义与中国封建势力加紧勾结，对中国人民实行更加残酷的经济剥削和政治压迫。出身于破产的封建官僚家庭的周恩来同其他先进的中国人一样，为使国家复兴，不断进行艰苦的探索。

早在沈阳求学期间，周恩来就为自己的一生做了第一次选择——确立了“为中华之崛起”而学习的目的。1913年进入天津南开学校后，他更是发奋读书，他的各门功课都取得了优异成绩，是品学兼优的学生。他不仅学习勤奋，而且以研究各种学问、团结同学和宣传新思想、新事物为目的，积极热情地从事大量的课外活动，为挽救“积弱不振”、“外侮日逼”的祖国大声疾呼。

1917年，周恩来的中学时代结束了，他怀着救国济世的志向和研究新思潮的急切愿望东渡日本，寻求真理。在留学日本期间，他开始接触和初步接受了马克思主义，还积极投入反对日本帝国主义和国内军阀卖国的斗争。

五四运动是在我国十月革命影响下兴起的。周恩来回到祖国后，立即投入这一场标志着中国新民主主义革命开端的伟大斗争，他创办了《天津学生联合会报》进行革命宣传，还发起组织了革命团体觉悟社，学习和研究新思想，讨论各种社会现实问题，尤其是社会改造和中国的出路以及青年运动的方向等问题。

为了进一步学习和研究马克思主义，了解和考察欧洲无产阶级的状况的斗争经验，寻求中国人民获得解放的根本道路，1920年11月，23岁的周恩来远渡重洋，赴欧勤工俭学。他先后到法国、英国和德国度过了将近4年时间，他实地考察欧洲的政治、经济状况和工人的劳动、生活情况，学习和研究马克思主义理论，参加和领导了留法勤工俭学学生的斗争，从而思想上发生了新的飞跃。1921年3月，周恩来在巴黎加入了共产主义小组，成为中国共产党首批党员之一。1922年9月，中共旅欧组织成立，周恩来是领导人之一。1924年7月，周恩来奉党组织的命令，离开欧洲回家，投入轰轰烈烈的第一次国内革命战争。

可以说，周恩来的青年时代，是在不断探索、不断实践中进行了第二次选择的过程。在经历了艰苦的学习和斗争的锻炼、经过了长期的探索和反复的比较之后，周恩来确定了马克思主义信仰。这一光辉的选择，使他终于成为伟大的无产阶级革家和杰出的共产主义战士。

邓小平——伟业的起点

1920年秋，抱着“一面做工、一面求学，学点本事回国”的满腔热望，邓小平和八九十位年轻的同胞一起，坐在“盎特莱蓬”号轮船的货舱里，在海上航行了40多天后，抵达法国的马赛港。

那时，邓小平刚满16岁，在同船的中国青年中，是最年轻的。

邓小平到法国后，那里的实际情况同他的愿望相反，大部分时间只能用来寻找工作，挣钱糊口，而且所做的都是学不到多少技艺的苦力工。他首先去克娄梭钢铁厂做杂工，以后又去巴黎比扬古雷诺工厂当钳工，还到饭馆里干过活，在火车头上做过司炉，收入极其微薄。他只有短时间在当地的语言学校学习。

当时正值第一次世界大战刚刚结束，法国的经济的十分萧条，就业格外困难，中国人即使是到那些较好的大工厂去的，工资也只有普通法国工人的一半。邓小平家中也已无力再寄钱给他，这使他度日更加艰难。

60 多年以后，他在回忆中说：“（那个时期，）每当我能买得起一块羊角面包和一杯牛奶时，我总是感到很高兴。”

冷酷的现实，使邓小平原有的出国留学的愿望顿时化为泡影。

然而，一种新的理想却越来越强烈地吸引了这位年轻人。当时的法国，工人运动风起云涌，马克思主义和其他各社会主义思潮广为流行，一批先进的中国留学生相继接受了马克思主义而走上革命的道路。

在同各国工人同甘共苦的日子里，邓小平深刻地了解了无产阶级；在较年长的中国革命家赵世炎、周恩来等人的影响下，他积极学习马克思主义，开始从事各种共产主义的政治宣传活动。

1922 年，邓小平参加了旅欧中国少年共产党（后改为中国社会主义青年团旅欧支部）。两年后，他又转为中共党员，不久便被委以重任，在里昂领导党团工作和华工运动。

从 16 岁到 21 岁，邓小平在法国生活了 5 年多，由一个爱国青年成长为一个马克思主义者；由一个留学生成长为一个职业革命家。

如今，邓小平已然成为当代世界最伟大的政治家之一，而 60 多年前他在法国的那段经历，正是他毕生为之奋斗的伟大事业的起点。

鲁迅——我以我血荐轩辕

一个革命者被满清政府绑赴刑场斩首示众了，他的鲜血又被蘸在馒头上拿去当作治病的药卖钱。观看他临刑是老百姓，吞食那涂满他的鲜血的馒头的，也是老百姓。

凡是读过鲁迅的短篇小说《药》的人，都会记得这个故事。小说里写的人物是虚构的，但鲁迅在现实生活中的确经历了这样的惊心动魄的事实。

那是1904年，他进入日本仙台医科专门学校医学科求学，教师使用幻灯机放映细菌形态进行直观教学后，会放映风景或时事画片给学生看。有一回，画面上出现了一群中国人，一人被绑在中间，其余人分立左右，据解说，绑着的那个中国人是替俄国刺探日本的军事情报而正要被斩首示众，那分立两旁的看客都是中国人。看到这里教室中发出了“万岁”的欢呼声。这使鲁迅大为震惊。他原以为学得医术可以治病救人，可以促进国人对于维新的信仰，这时醒悟到，凡是愚弱的国民，即使体格十分健全，也只能做毫无意义的示众的材料和看客，病死多少是不必以为不幸的。首要的是要改变他们的精神，而最好的途径当从文艺入手。于是他毅然放弃了学医的计划，而从事于文学运动的提倡和写作了。

鲁迅的人生道路发生这样巨大的转折决不是偶然的。他在来日本求学之前早已从现实生活中痛切感到祖国的贫弱和落后，形成了反抗满清政府腐败统治的思想，向往维新富强之路。刚到日本时他勇敢地割掉了头上的辫子，并赋诗明志：“灵台无计逃神矢，风雨如磐故园。寄意寒星荃不察，我以我血荐轩辕。”

鲁迅以这种对于祖国的坚定不渝的爱，经历了辛亥革命、五四运动以及反帝反封建的一系列斗争，和人民大众紧密地站在一起，从爱国主义，民主主义者成为共产主义战士，以他一支如椽大笔成就了辉煌的事业。毛泽东在《新民主主义论》中称鲁迅是伟大的文学家、思想家和革命家，是在文化战线上代表全民族的大多数向敌人冲锋陷阵的最正确的民族英雄。“鲁迅的方向，就是中华民族新文化的方向。”其作品是中华民族极其丰富极其珍贵的精神文化遗产。

巴金——走出深宅大院

一座前后五进的公馆，门深似海，墙高如城，架上是经史典籍，阶前是婢仆下人，往来有高官，相交无白丁。这样一个封建思想统治严密的仕宦之家，却出现了叛逆者——杰出作家巴金。

巴金家有一个轿夫，姓周，年老瘦弱，有悲惨的经历。他的妻子跟别人跑了，他的儿子当兵死在战场上，他孤零零地活在世上也只是痛苦地捱日子而已，但他保持着一个坚定的信念：忠实地生活。他主张“火要空心，人要忠心”。这“忠心”并不是指奴隶般地服从主人，而是忠实地照自己的信念生活下去。他向年幼的巴金，叙说了自己悲痛的经历，实际上教育巴金憎恨这个社会，树立正直的生活态度。

然而这样的启蒙教育在巴金的公馆里是随处可得的。他也曾傍着黯淡的灯光听衰老的仆人绝望地倾诉他们的悲哀以及没有希望只是忍受苦刑般地生活着的人的凄惨的故事，它们在他心上投下了阴影。他还亲眼看到周围发生的残酷的事实：一个仆人偷了字画被逐出门外做了乞丐，每逢过年过节偷偷地躲在门前石狮子旁边寻找机会央求从前的伙伴向旧主人讨一点赏钱，后来终于冻饿而死。一个老轿夫出去当了一家的仆人，被诬偷了主人的财物，在一个冬夜用裤带在门上自缢而亡。这使年幼的巴金“心里起了火一般的反抗的思想”，他发出誓言不要做少爷，“要做一个站在他们一边，帮助他们的人”。

而封建家庭的罪恶更使他触目惊心：势力代替了公道，许多可爱的年轻人的生命在虚伪的礼教的囚牢里挣扎、憔悴以至于毁灭，陈旧的观念和长辈的权威向着渴望发展的灵魂压下来，因而更加激起他的憎恨，并由憎恨封建家庭而憎恨社会制度的不合理。他期待着献出自己的一切以换取理想的新世界“跟着明天的太阳一同升起”。

他怀着理想走出了公馆的大门，几十年来不断接受人民的营养，写出了《家》《爱情三部曲》《寒夜》等辉煌的作品，以他的坚定的反封建的精神鼓舞着一代又一代的青年。

高尔基——曾是遭尽苦难的流浪汉

1892 年，高尔基发表了他的处女作——短篇小说《马卡尔·楚德拉》，一个历史艰辛，遭尽苦难的流浪汉终于走上了文学创作的道路。当时正值革命后的动荡时代，文学界不可避免地出现了各种思潮激烈斗争的复杂局面。批判现实主义文学虽然在揭露社会矛盾方面具有巨大的意义，但它却不能指出改造现实的途径，也不能正确表现历史主人公工人阶级的作用；而那些泛滥一时的颓废流派，则鼓吹悲观厌世、逃避现实，反映着没落阶级的情绪，完全与无产阶级相敌对。年轻的高尔基初登文坛就面临着选择什么样的创作道路的问题。

高尔基幼年便失去了父母，10 岁就到“人间”独立谋生。他到处流浪，当过学徒、搬运夫、面包工、守夜人等，一直在社会底层挣扎，亲身感以沙皇专制社会的丑恶腐败，对劳动人民的苦难和愿望有深切了解。不同寻常的生活经历激起他对光明和幸福的强烈渴望，也使他从一开始就清醒地认识到，作家要“启发人的真诚渴望，用它像锤子似的捣碎和摧毁生活的一种形式以便创造出另外一种更自由的生活形式。”正是基于这种崇高的使命感，高尔基在短短的几年时间里创作了一大批深刻揭露社会黑暗现实、歌颂自由和理想、号召人们为新生活而英勇斗争的中短篇小说。这些现实主义与革命浪漫主义紧密结合的作品，体现了昂扬向上的时代精神，充分反映了日益高涨的无产阶级斗争情绪，受到读者热烈欢迎，并为作家赢得了广泛的声誉。

20世纪初，俄国革命运动蓬勃发展，高尔基同时以作家和战士的身份积极投身于如火如荼的斗争洪流。1901年3月，他在参加彼得堡学生游行示威，目睹沙皇政府镇压群众的暴行后，立即写出了著名的散文诗《海燕之歌》。在这篇豪情洋溢的革命檄文中，高尔基用象征和寓意的手法，借海燕捷如闪电、纵横无阻的英姿及其对“更猛烈的暴风雨”的呼唤，形象地概括了无产阶级高昂的战斗热情，预报了革命高潮的迫近。作品很快便在俄国各地大量翻印，不胫而走，在工人运动中起了极为巨大的教育和鼓舞作用。

高尔基的革命行动引起了沙皇警察机关的注意和监视。不久，刊登《海燕之歌》的《生活》杂志被查封，高尔基也被投入监狱，继而流放外地。反动势力的进攻不但没有吓倒他，相反却激起他更旺盛的斗志。1905年革命中，高尔基勇敢地站在斗争的最前列，他发表演说，起草宣言，愤怒抗议沙皇军队大规模屠杀手无寸铁的工人的暴行，因而再次被捕。但反动政府迫于国内外舆论的压力，只得释放了他。出狱后，高尔基又全力投入布尔什维克党的第一份合法机关报《新生活报》的创办工作，并首次和列宁见面，与这位革命导师建立了深厚的友谊。1905年12月7日，莫斯科工人由政治罢工发展成武装起义，高尔基满怀激情地迎接这一革命高潮的到来。他多方努力，积极为起义群众筹集经费和武器，而他的住宅简直成了起义的据点和战斗的指挥中心。

经过革命斗争风雨的洗礼与先进的马克思主义政党的接触，高尔基更加坚定了俄国无产阶级革命必胜的信念，进一步明确了“为谁写、写什么”的创作宗旨。1906年，他在流亡生涯中写成了长篇小说《母亲》。这是一部“真正面向千千万万劳动人民”的书，它成功的概括了俄国工人阶级怎样从接触马克思主义理论和参加实际斗争而逐渐成长的过程，正确地反映了无产阶级政党领导下的工人运动的发展，成为在历史的重大关头进行革命宣传的重要文献和社会主义现实主义文学的尊基之作。

高尔基是一位天才的作家，也是自由和真理的英勇卫士，他的名字及其伟大的艺术作品永远奏响在全世界无产阶级革命事业的凯歌声中。

π之父——祖冲之

月球背面有一座环形山。被称作“祖冲之环形山”它是以最早精确计算圆周率的中国数学家祖冲之（429—500）的名字命名的。

祖冲之，字文远，南北朝范阳遒县（今河北涞源具）人。现在我们常用的π值是3.1416，这个数字实际上比圆周率稍微大一点。远在1500年前，祖冲之就确定，圆周率在3.1415926和3.1415927之间。西方人在1000多年以后，才获得这样精确的π值。祖冲之还提出了圆周率的近似值为355/113，约等于3.1415929，与π的真值相差不到百分之一，称为密率。它是三十奇数成对写出——113355，再折两段组成，优美、规整、易记，日本数学家称这个数据为“祖率”。

祖冲之在天文历法方面也做了大量工作。他认真观测太阳、月亮和星星在天空里运行的情况，作了大量详细的记录。他发现当时所采用的《元嘉历》里有许多错误，并针对这些错误编制了一部新历法叫《大明历》。《大明历》中改进了闰法，把《元嘉历》每19年7个闰月改为391年有144个闰月，使每220年误差一天改进为每1739年误差一天。为了改进因太阳在两个冬至之间位置有偏移而造成的岁差，祖冲之首次提出了历法中一个回归年（太阳在天球上连续两次通过春分点所需要的时间间隔）的日数为365.2428143日，一个交点月（月球在天球上连续两次向北通过黄道所需要的时间）的日数为27.212223日，这些数字与近代测量结果非常接近。

祖冲之是一位博学多才的科学家，对于各种机械也有研究。他曾设计并制造了计时用的漏壶、指南车、水推磨和千里船等。

第一个获得菲尔兹奖的华人——丘成桐

1982年，美籍华裔的丘成桐（1949—）获得了菲尔兹奖，成为第一个获得这项荣誉的华人数学家。菲尔兹奖是国际数学界的最高奖赏，每四年颁发一次，对象是在数学上有重大贡献的、年龄不超越40岁的数学家。

丘成桐出生在广东省，后移居香港。他早年丧父，家境清贫，但学习勤奋，中学时对数学入了迷，后来为著名数学家陈省身所器重，破格录取为研究生。在陈省身的指导下，仅用两年时间就取得了博士学位，年仅22岁。25岁任副教授，28岁升为正教授，并且是普林顿高级研究所的终身教授。

1976年，27岁的丘成桐解决了微分几何的著名难题——卡拉比猜想，并把微分方程应用到微分几何中去，推动了微分几何和微分方程的发展，成为这个领域最年轻的学者，名扬海外。

1979年，美国加州科技及工业博物馆授予30岁的丘成桐“1979年加州科学家”的光荣称号，他是第一个获得这一荣誉的数学家。1981年又荣获美国数学会颁发的维布伦奖。评奖者认为，很少有数学家能够比得上丘成桐成就的深刻性、影响力及方法和应用的广泛性。第二年在华沙荣获菲尔兹奖。

邓稼先——隐姓埋名为两弹

两弹元勋邓稼先，是为中国核武器事业做出了杰出贡献的科学家。他长期甘当无名英雄，在茫茫戈壁，在云雾山中，在无垠草原把自己的青春之光，融进了中国核防御力量的“铁脊梁”之中。青年时期的邓稼先，曾经面临严峻的选择，为了祖国的安危，他选择了一条遍布荆棘的道路。

1950年，26岁的邓稼先就在美国获得了物理学博士学位。他带着当时最先进的物理学知识，涉洋归来报效祖国。

新中国如日初升，万事待兴。邓稼先在中国科学院近代物理所落下脚来。祖国张开温暖的手臂迎接了“娃娃博士”。邓稼先沉浸在青春的欢乐和家庭的幸福之中。30来岁，副研究员，月薪200多元，生活无虞，爱妻是医学院助教，他们有一对可爱的儿女。一家人的欢声笑语常留连在公园的湖畔。

此时在事业上，邓稼先在理论物理方面与他的好朋友杨振宁等人处于同一起跑线上，前途无量。所领导对他极为赏识，成名成家的坦途正在向他们招手。

但是，历史风云变幻，祖国面临困难。战争的威胁，核大国的讹诈，黑云般压来。毛主席提出：“我们也要搞原子弹！”二机部的领导找到邓稼先说：“中国要放一个大‘炮仗’，你要参加。”这句话似千钧重担，压在邓稼先肩头！搞原子弹，这意味着什么？每一个物理学家心里都明白——置身于放射性材料之中；进入军事禁区；隐姓埋名，不能发表文章，不能出国；长年工作在深山、沙漠，不能全家团聚。更艰难的是必须在短期内完成这神圣的使命。邓稼先面临着严峻的选择！

他回到家里，收敛了乐天派的笑容，对妻子说：“从今以后我要去办一件大事，办成了，一生也值得。为了它，死了也值得。”从此，邓稼先从普通人的生活中消失了，从物理学界的讲坛上消失了。28年间，他的身影匆匆闪现在核武器研制的基层第一线。

他在北京郊外的高粱地里参加研究所的兴建，他在生产核材料的车间里穿梭往来；他在罗布泊国家试验场的土路上颠簸；他在云遮雾罩的山区指挥着原子弹、氢弹的研制。当核试验出现失误时，他甚至冒着生命危险冲进去拣拾核材料残片，当工人们给原子弹安装引爆雷管时，他镇静地坐在旁边给“虎口拔牙”的工人壮胆。

28个春秋过去了。头发里夹杂着大戈壁砂粒的邓稼先回来了，回到了温暖的家。此时他的妻子已年过花甲，儿女已长大成人。而他，癌魔却早已侵噬了内脏、骨骼、神经……他辉煌的生命已燃到了尽头。

在邓稼先生命的最后一个月里，他28年的秘密历程才得以披露，“两弹元勋”的美名才开始传扬。邓稼先临终前对妻子许鹿希说的最后一句话是：“我死而无憾!”

霍英东——从苦力到巨商之路

霍英东，香港著名的地产业巨子。他以经营房地产为中心，从杂货铺到建筑、航运、旅馆、酒楼、百货、石油……形成一个遍布海内外庞大的、赫赫声势的工商业体系。广州的世界一流饭店白天鹅宾馆、国内一些著名的体育活动与他的名字相关连，他现任全国政协常委、香港中华总商会副会长、香港地产建设商会会长、国际足联执委和世界羽毛球联合会名誉会长。

可谁又知道，霍英东先生的今天是由“价值七角钱”的苦力一步步干起来的呢?

霍英东祖籍广东番禺县，1922年生于香港。他的童年是在舢板上度过的。7岁时，父亲在一场风暴中舟毁人亡。从此，生活的重担就落在了母亲肩上。他与9岁的姐姐和5岁的妹妹全靠母亲经营小本生意，收取微薄的佣金养家糊口。

抗日战争爆发后，霍家生活更加艰难，霍英东只好放弃学业当苦力、学徒、工人。18岁那年，他找到的第一件差事是在轮渡上当加煤工，但不久船主以“不称职”为由辞退了他。后来日本人扩建机场，他去当苦力，日报酬是7角钱和半磅配给米。那时他每天只吃一碗粥和一块米糕，饿得头晕眼花。一个营养不良、体弱无力的年轻人当搬运工，其艰辛可想而知。有一天，不小心，一个50加仑的煤油桶砸断了他的一个手指，工头见怜，调他去修车。谁料祸不单行，有天他爬上一辆货车，想偷学开车，没想到这辆货本撞了另一辆货车，于是他的差事只好告吹。后来他又当铆钉工、“太古”的实验室的制糖工等。

童年贫寒家境和成年后的生活坎坷煎熬磨练了霍英东的意志，也培养了他自强不息的奋斗性格。

二战结束后，他投身运输业；朝鲜战争爆发后，他又开展航运业，生意十分兴隆。

朝鲜战争结束后，他不满足运输业已经取得的成就。他敏锐地看到了香港建筑业的潜力，毅然向房地产进军。1954 年他筹建了“立信建筑置业公司”，拿出两年来买卖战余物资积攒下来的钱，拆旧楼，建新楼。他开创了大楼分层预售的先例。从此，房地产成了他致富的基础。正如他所说：“从此翻开了人生崭新的、决定性的一页。”

包玉刚——一条旧船起家

世界各国首脑几乎都知道包玉刚这个名字，他雄踞当今世界船王之首，还是环球航运集团主席，并拥有 50 亿美元的资产，可谓名声显赫。可谁曾想过当初包玉刚闯入惊涛骇浪的航运事业靠的仅仅是一条旧船呢。

本来包玉刚有固定的工作，也拿过高薪水。他曾从一个普通的职员擢升到高级职员，在银行出任副经理、副行长。但独立创业的强烈意念始终在他心底涌动，他毅然辞去公职，投身于航运，决心去闯一番事业。

那是 1955 年，包玉刚已有 36 岁。他的朋友听到消息，大为惊诧，都以为他疯了，劝他不要冒这种风险。“水可载舟，亦可覆舟”，有的人小心翼翼搞了几十年航运业，最后落得个公司倒闭。在航运界，破产、跳海、全家自杀的事，可说屡见不鲜，再说，50 年代在香港经营航运业的有几十家，资本雄厚者有之，历史悠久者有之，他能有立足之地？何况他眼下手里的资金连买一条旧船都不够。

经过一番周折，在朋友的帮助下，包玉刚从日本神户银行贷款 75 万美元，购买了一条有 20 年船龄的旧船——“英谖纳”。这是一条只有8200吨位的烧煤旧货轮。包玉刚见到“英谖纳”号后十分高兴，即将它改名为“金安”号，请人整修油漆一新。凭这么一条老掉牙的旧船搞航运，这在世界航运史上，恐怕是独一无二的。

当时，有人怀疑，包氏仅凭一条旧船，能在惊涛骇浪中前进么？更有甚者，有人打赌：他包玉刚一条破船能成功的话，我在香港码头上倒爬几个来回。

50年代，香港和国际上普遍奉行按船只行程计算租金，即短期结算办法。这种办法在世界经济繁荣时期，可以获得较高利润，然而，包玉刚面对局势动荡不定、战争阴云密布的严峻现实，冷静分析了市场情况，毅然采取了低租金长合同的稳定经营方针，打开了经营门路。一年以后，他以善于经营守信用和行动果断，博得了银行和货主的信用，成为拥有7艘货船的船东了。

包氏投身航运业时，董浩云在香港已有“船王”之称，已拥有相当吨位的船队和世界上最大的油轮——564763吨的“海上巨人”号。然而，谁都没想到，十几年后，包玉刚船队迅猛发展，竟然超过了董浩云一倍多，后来又登上了世界船王的宝座。

希尔顿——让处处生出“金子”

希尔顿创立“旅店帝国”经过一个从无到有，从小到大，非凡的创业历程。

第一次世界大战后，希尔顿退伍回家。不久，父亲在一次车祸中丧生。这个突如其来的打击，使他伤心至极，对生活和前途感到茫然。他几乎走遍新墨西哥州，寻找未来生活的寄宿，都未能如愿。他把变卖家产得到的5000美元缝在衣袋里，前往得克萨斯州，决定从事银行业。他看中接近火车站的银行，询问经理要多少钱才出售，经理出价 7.5 万美元。尽管希尔顿口袋里的钱不到银行价目的 1/10，但他并没有为款项不够而烦恼，而是满怀信心地认为，“对于好的东西，你总会想方设法获得把它弄到手的款项。”于是他一口答应，准备照价购买。正当希尔顿沉醉在成为银行家的幻想之中，不料，那位银行主给他来了一份电报：“售价已涨到 8 万美元，不必争论。”希尔顿非常生气，不得不放弃购买银行的念头。

在碰壁之后，希尔顿余怒未消地来到一家旅店投宿。谁知旅店走廊上的人群像罐子里的沙丁鱼一样拥挤。他好不容易挤到柜台前，正开口要一个房间时，值班员猛然合上旅客登记簿说：“客满啦！”他只好靠着一根柱子站着。旅店主人走到他面前毫不客气地说：“请在 8 小时后我们腾空这个地方的时候再来。”并警告他不要在走廊里游荡。希尔顿憋了一肚子气，他正要发火，突然又灵机一动地问：“这家旅店准备出售吗？”早就埋怨开旅店没有赚到钱的主人立即回答：“任何人出 5 万美元都可以买去。”希尔顿用了 3 小时仔细查阅了莫希利旅店的账簿，发现这个旅店主人是个不会赚钱的傻瓜，便决定买下。又经过一番讨价还价，他以 4.5 万美元成功地买下这家旅店，开始了他经营旅店的生涯。

希尔顿经营旅店并非一帆风顺。20 年代美国经济恐慌期间，大部分旅店破产倒闭。希尔顿尽管经营有术，也曾陷入资金周转的困境中。因为差 178 美元没有付清一张 10 万美元的账单，他被一家公司控告，法庭把判决书贴在他旅店的墙壁上。他的汽车开进加油站，加油站管理员也拒绝赊给他汽油。在那不景气的年代，他甚至饥肠辘辘，一名侍役借给他 300 元伙食费，他也喜出望外，恰似雪中送炭。

但是，希尔顿以不断进取精神和高超的经营方法克服了各种困难。他把经营旅店业务称为“探索黄金”，决心要使每一尺地方都生出“金子”来。他在买下阿斯托里亚大酒店后，发现走廊上的四大圆柱中间是空的，与支持天花板无关，便指使下属拆开圆柱，在这些大圆柱里安装若干个小型玻璃陈列橱窗，立即为纽约市著名的珠宝商和香水商所租用，一年租金收入 2.4 万美元，成了一条出人意外的财路。

为了赢得旅客，他把饭店建成一个综合性的服务机构。除了提供食宿外，还设有咖啡室、会议室、宴会厅、游泳池、购物中心、银行、邮电、花店、服装店、航空公司、旅行社、出租汽车站，等等。优雅的环境，豪华的住宅，先进的设备，周到的服务，使到希尔顿饭店寄宿的旅客，有一种宾至如归的感觉。不论是观光者或商人，都情愿多花一点钱住进希尔顿所开设的饭店。

希水顿正是靠他顽强的创业精神和“多角化经营”的艺术，使他的旅店成了世界上无与匹敌的“希尔顿旅店帝国”。

盛田昭夫
——使“索尼”成为世界语的人

1946 年的日本，到处是战后的萧条景象。这一年 5 月，有两个年轻人借了 500 美元，招来十几个人，在东京一家被炸坏的百货商店楼上，建立了一家公司。30 年后，这个公司已成为日本最大的电子设备制造厂家。它就是闻名世界的“索尼”公司。它的商标在国际市场上到处可见；它的迅速成长，被人们称为奇迹“索尼之神话”，但是，更使人们崇敬和难以忘却的是，那两位创业经营者的艰难跋涉的足迹。

这两个年轻人，一个叫盛田昭夫，一个叫井深大。盛田昭夫是一家酿酒店老板的儿子。他家祖祖辈辈经营米酒酿造业，到昭夫父亲已是第 14 代了。老盛田一心希望昭夫继承他家祖业。昭夫上中学时，父亲就叫他到办公室听开会，带他上银行，力图使昭夫早日学会经营之道。但是，昭夫却选择了自己的道路：考进大学，攻读物理学专业。当时正值第二次世界大战末期，昭夫毕业后，又到海军服役。此间，昭夫结识了井深大，两人开始合作共事。井深大也是学物理的，专攻电器专业。他很早就梦想将电子学和工程学结合应用于生活消费品生产，满脑子装的是新发明。他俩有共同的愿望，共同的志趣，都有非凡的直觉能力和生气勃勃的创造进取精神，一结识便成了患难之交。

他们这一对搭档并没有因为日本战败而中止合作。战争一结束，他们便靠借来的 500 美元，迫不及待地办起了一家小小的电子公司。500 美元是申请办公司的最低资金数额，少于这个数，当局就不让注册。公司共 20 名成员，人手虽少，却很精干，其中有 16 人大学毕业。公司一开张，井深就计划把各种工程电子装置变为消费品。由于资金缺乏，起初只能修理收音机。6 个月后，研制成功并开始生产真空电压计，产品以其过硬的质量很快赢得用户信任。1 年后，一家电讯公司订购了他们的电位器。随后，日本最大的广播协会订购了他们的广播控制台。井深和盛田开始制造这种复杂的控制台之际，正是他们公司产品畅销、生意兴隆的时候。为了扩大生产，他们搬到郊外一排简陋残破的厂房里。每逢刮风下雨，还得打着伞工作。公司有了点名气，事业亦见起色，可是井深和盛田都不满足，他们认为，公司还没开发出他们所期望的独特的产品。他们在继续思考、探索着。

“机遇偏爱有准备的头脑”。一件偶然的事情，却给井深、盛田和他们的公司带来了重大的转机。1949 年的一天，井深前往日本广播公司办事，偶然在那儿看到一架美国制的磁带录音机。新奇之余，他不禁怦然心动，回去后就告诉了盛田。他俩都意识到这种新玩意儿所蕴藏的巨大潜能，议定要立即买下其生产专利。对于他们所掌握的技术来说，造录音机并不难，但磁带却是个为难的问题，因为日本当时根本没有。他们奋斗了一年，终于生产出了自己的磁带和录音机。可惜，这种录音机体积庞大，重得令人生畏：每台达 36kg；其价格也高得令人咋舌：每台 7 万美元。于是，井深、盛田与其他技术人员一道，把自己关在一家旅馆里，连续进行了 10 天的智囊大会战，终于找到了降低成本、缩小体积的种种办法。借助于自己独到的、细致耐心的推销宣传工作，他们的录音机逐渐成了人们喜爱的热门货。

录音机的生产取得了很大成功，但井深和盛田又盘算着生产另一种新产品了。1952 年，井深听说美国人发明了一种叫晶体管的东西，十分感兴趣。他和盛田一起加以研究，二人又先后赴美国，进一步了解详情。他们一边考察，一边考虑着用这种小巧的晶体管来取代粗笨的电子管，制造小巧玲珑、便于携带的收音机。恰逢美国西电公司以 2.5 万美元的价格出售该项专利，他们经过一番周折，终于争得外汇买下了这项专利。经过几个月的奋战之后，世界上第一台袖珍型晶体管收音机在井深和盛田的公司里诞生了。为了给这种收音机起个好名字，也为了公司业务走向世界的需要，井深和盛田几经讨论，决定根据拉丁文 SONVS（“声音”的意思）和英文 SONNY（“可爱的孩子”的意思），取名为 SONY（索尼）。这名字不但好记，喊起来响亮，而且如盛田所说，可以纪念他和井深这“一对小顽童”兄弟般的友谊。从此，“索尼”的声音响遍了世界。

本世纪商界的20名巨人

《时代周刊》和美国有线电视新闻公司评选出本世纪20位对企业界影响最大的行业奠基者和经管巨人。

“汽车之父”亨利·福特：福特是本世纪的商业天才，他为了让他生产的汽车走入寻常百姓家，采取了一系列英明的措施。首先，他提出了每天最低工资5美元和使用传送带流水线生产方式等提高生产效率的办法，而他的最低工资又使得每个在福特公司工作的工人都有钱买自己生产的汽车，打开了自己产品的销路。为了汽车的销售，他创立了分销商模式。随后，深知“汽车要发展，必须先辅路”道理的他又极力推动美国公路事业和加油站的发展。在种种措施之下，福特“T”型车大获成功，占据了美国当时绝大部分的汽车市场。

“好莱坞雄狮”路易斯·梅耶：看过好莱坞米高梅公司出品电影的人一定不会忘记电影片头那只代表公司标志的雄狮。从默片时代到有声电影诞生初期，米高梅为美国人构造了一个又一个绚烂的梦想。作为好莱坞最有权势的人物，这位米高梅电影公司的掌权人手中捏着一大串明星和名导，视将他们玩弄于股掌之上为乐事。对于好几代普通美国人来说，梅耶不仅为他们编织了美丽的梦幻，也潜移默化地影响了他们的思想和价值观甚至他们的整个生活。

“大众银行家”阿马度·基安尼尼：这个意大利移民的后代似乎天生就具有独辟蹊径的头脑，他父亲死于为了1美元而发生的无谓争斗中，而他却最终成了大银行家。基安尼尼致毕生之力将其银行业务拓展到普通百姓中，他首创的住房贷款、汽车贷款以及其他一些设备贷款使绝大多数美国人受益匪浅。敏锐的商业触角使基安尼尼的银行家生涯一帆风顺，他所创立的美洲银行在他去世之前已经成为全美最大的银行。

“电子媒体之父”戴维·萨尔诺夫：作为在电视机前长大的一代，我们应该感谢萨尔诺夫，因为如果没有他以及他所创立的广播电视业，想必今天我们生活的乐趣将会减少很多。当1939年这位出生在俄罗斯的移民向世人隆重介绍电视的时候，他就已经意识到电视和他早先推广过的广播一样，必将使人们的生活发生翻天覆地的变化。萨尔诺夫对广播电视业的最大贡献就是使它从初具雏形逐步走上正常发展的轨道。他一手创立了美国全国广播电视公司（NBC），大大增加了广播和电视对人们日常生活的影响力，并使这一行业开始向体制化、规模化迈进。他个人也是个传奇式的人物，据说，他1912年在马可尼无线电公司工作时，曾经接收到冰海沉船“泰坦尼克”号的求救信号，此后72小时内，他坚守岗位，把“泰坦尼克”号上发生的悲剧通报给了全世界。

“冷酷国王”威利斯·卡里尔：这里一个关于勇气、毅力、勤奋和才智的传奇般的故事，毫不夸张地说，他发明的空调在相当程度上改变了世界，同时也使他得以建立一个包括空调、加热设备以及通风设备在内的庞大帝国。据有关经济学家测算，如果没有他发明的空调和通风设备，全球生产率将下降40%，他最常说的一句话是：“我不聪明，但我勤奋，所以上帝没有亏待我。他有关空气调节方面的80多项专利和亲手创下的基业也许就是这句话的最佳注释。

“股民制造机”查尔斯·梅里尔：1940年，梅里尔创立了美林证券公司，这一年，他54岁。作为一个精明的商人，梅里尔始终坚信华尔街不只应被大户所操纵，只有当大多数美国人都加入其中的时候，市场才会有真正的繁荣。但可惜曲高和寡，独自奋斗的梅里尔直至去世之前也未能看到像如今华尔街头这般一有风吹草动就会牵动整个美国甚至世界的景象。不过能够目睹自己创办的公司拥有40万名客户，在美国经纪公司中独占鳌头，梅里尔也应该聊以自慰了。梅里尔是少数对股票市场具有非凡洞察力的神奇人物，30年代大股灾前几个月，他及时清仓，并且向人们发出了警告，可惜当时没有人相信他。

“全球建筑师”斯蒂芬·贝克特尔：贝克特尔最常说的一句话就是：“我们可以为任何人建造任何东西，无论什么地点、什么样式、什么规模。”他是这么说的，也是这么做的，70层楼高、造价5470万美无的胡佛水坝也可以为他证明。这一美国历史上规模最大的工程在为贝克特尔赢得了前所未有的声誉同时也给他带来了无限商机。他的建筑队伍踪迹遍及世界六大洲的40多个国家，公司的年收入则从他接掌之初的2000万美元直线上升到他退休时的4.63亿美元。

“魔法王国统治者”沃尔特·迪斯尼：他创造了米老鼠，他制作了世界上第一部真正意义上的动画电影，他第一个投资兴建主题公园这一全新的娱乐设施，他开创了现代资讯公司的先河。不管是好是坏，他的行动使世界以及我们对于世界的体验都发生了一定程度的改变。出身贫苦的迪斯尼在忍受了成功之路上一切必须经历的苦难后，终于开拓了他自己的天地，在这片天地里，他可以随心所欲地创造一切、改变一切、控制一切，并在无形中潜移默化地影响着观众的行为、思想和梦想。

“黑帮经济学家”查尔斯·卢恰诺：他通过赌场、妓院、毒品以及各种各样手法赚取了大笔不义之财，用日进斗金形容也毫不为过。他率先将犯罪团伙转为采用企业化方式经营，从而成为有组织犯罪的开山鼻祖。在被纽约特别检察官盯上后，卢恰诺的好日子终于走到了尽头。他被驱逐出美国，并最终客死在意大利。在他临终之前，有记者问他：如果有来世，你还会选择这样的生活方式吗？他回答说：我会尝试合法的赚钱方式，如果你有头脑赚取非法的100万美元，你肯定也有能力赚取合法的100万美元，只可惜我知道这一点时已经太迟了。

“喷气飞机领航人”胡安·特里普：这位耶鲁大学的高才生毕业之后不久就对正处于起步阶段的航空业产生了浓厚的兴趣，并筹资建立了泛美航空公司。他的航线不断延伸，从原来的国内航线扩展到可以跨越太平洋与大西洋。为了拓展市场，特里普极力采取各种措施让乘坐飞机在普通人眼中不再是一个遥远的梦想。他大幅度削减票价，并首先在航空业推出价格低廉、为普通人服务的“旅行舱”，从而使飞机真正走进平常百姓的生活。

“卫星城缔造者”威廉姆·莱维特：莱维特常说，卫星城的概念可以追溯到公元前539年古波斯王的一封刻在泥版上的信：“我们的土地与巴比伦如此接近，我们可以享受城市的所有好处，而回到家里又可以避免尘土和喧嚣。”卫星城为生活在城市中的人们提供了一种全新的生活方式，使他们得以在充分利用城市的各种便利条件的同时又可以避开城市的噪音和污染。第一座卫星城的创立者莱维特对此功不可没，他将房屋的建筑进程分解开来，进行流水作业，从而大大加速了工作进度。他在曼哈顿以东25公里的长岛所建立的第一座郊外居住区向后人揭示了建筑卫星城的诀窍。

“工会英雄”沃尔特·卢瑟：卢瑟是美国汽车工人联合会主席，亨利·福特的死对头。1936年与福特公司的斗争使年轻的卢瑟一战成名，他血迹满脸的照片占据了各大报纸的头版，人们的目光都集中在这个为了帮助工人争取福利而不屈不挠奋斗的斗士身上。这位工会领袖努力提高工人的福利待遇，医疗保障、人身保险、假期以及利润分成等等，一个接一个的胜利使卢瑟成为工人眼中的英雄，同时也使得工会日益发展成为美国社会一支不容小视的重要力量。

“广告撒旦”利奥·伯内特：就是这位广告界的奇才，创造了“万宝路牛仔”的形象。他首先为广告界开辟了绚丽多彩的视觉冲击的新道路，这位坚信“要进行市场分割首要的是进行消费心理分割”的广告巨人始终认为视觉形象要比文字更具有说服力。有人评价说：“广告业在伯内特出现之后才真正诞生。”

“电脑中枢”小托马斯·沃特森：沃特森的父亲始终希望他能够加入父辈一手创立的IBM公司，但小沃特森梦想当飞行员。二战期间他担任布莱德利特军的秘书和专机驾驶员；二战结束后，他希望到一家航空公司继续开飞机，但布莱德利将军认为沃特森“当然”应该回去管理IBM公司。26年后，沃特森证明了他父亲和布莱德利将军当初的判断并没有错。在他手中，IBM发展成为电脑市场上声名显赫的“蓝色巨人”，其成就远远超过了他的父亲。

“麦当劳大叔”雷·克罗克：金黄色的“M”形标志，笑容可掬的麦当劳叔叔，丰富、快捷、美味的食品，温馨的环境以及周到的服务，这就是克罗克创造的麦当劳快餐帝国。克罗克的快餐文化已经成为美国文化的代名词并在一定程度上改变了世界。尽管快餐并不是由克罗克首先发明，但却是他将这一本不起眼的东西发展到一个前所未有的程度，因此称他为“快餐之父”也许并不过分。

“美丽皇后”埃斯蒂·劳德：劳德一手创立的化妆品王国始终站在时尚的最前沿，成为时尚的代言人，为全世界的女人带来了幸福和梦想。虽然劳德一直自称自己经营的不过是一个小生意，但就是这个小生意垄断了美国商场中45%的化妆品销售，每年为她带来数十亿美元的进项。而她对化妆品销售方式进行的改革以及首创的赠送试用法进行推销，使得她对整个化妆品行业的发展起到了推动作用，同时也给其他零售行业以巨大的启迪。

“橄榄球王子”彼得·罗塞尔：这位美国全国橄榄球联盟前委员会

主席一手创立的超级杯使无数美国橄榄球迷为之疯狂，他将比赛转播权同时出售给美国全国广播公司和哥伦比亚广播公司的高明做法为他带来了滚滚财源。罗塞尔创建了现代职业体育运动的模式，他让人们认识到体育运动不仅仅只是比赛那么简单，同时也是一个蕴藏丰富的金矿。

“日本制造”盛田昭夫： 他有一个绰号“索尼先生”。的确，他对这个称呼当之无愧。深受美国文化影响的盛田昭夫一直以“着眼全球，立足本地”作为自己的信条，并致力于推行品牌战略。在他的带领下，索尼成为第一家超越国家界限的全球性企业，其产品受到世界各地用户的喜爱和信赖，其生产的“Walkman”已经成为标准英语辞典中“随身听”的代名词。

“超市冠军”萨姆·沃尔顿： 沃尔顿是著名的沃尔玛公司的创建人。当1962年第一家沃尔玛折扣商店开业的时候，人们也许并不会想到这种新的销售方式将会给零售业带来巨大的变化。时间转瞬已经过去了三十多年，如今的沃尔玛公司已经发展成为美国最大的零售商，其商店遍及全美各地。亲手创立这一庞大事业的沃尔顿以他出色的成绩改变了传统大型零售商业的保守经营方式，为这一行业注入了生机和活力。

“天使魔鬼”比尔·盖茨： 他究竟是一个天使？还是一个魔鬼？盖茨似乎是一个让人捉摸不透的人。在其竞争对手眼中，他是一个为了达到目的不择手段的小人。而在电脑用户眼里，盖茨为他们创造了一个又一个使用简单方便的软件，使电脑真正走进人们的生活。不管怎样，毫无疑问的一点是盖茨必然将成为电脑发展史上里程碑式的人物。没有盖茨，很难设想如今的世界会是一个什么模样。

八闽英才

伟大的民族英雄郑成功

刺桐红胜火，赛过英雄花。古代海上丝绸之路的起点泉州，遍种刺桐，风光旖旎，英雄辈出。收复台湾的民族英雄郑成功（1624—1662），就是泉州众多英雄人物中出类拔萃的一个。

土地肥沃、物产丰富的台湾宝岛，1624 年被荷兰殖民者强占了。荷兰侵略者一到台湾，对台湾的丰饶便垂涎三尺，就以狡猾的手段，欺骗纯朴、老实的高山族人民，用能把一根稻草说成一根金条的嘴巴，说："愿意得到一张牛皮大的一块土地，出多少价钱都可以"，高山族人民不知是奸计，便一口答应了他们的要求。荷兰侵略者，竟然无耻地把一张大牛皮剪成无数细长的丝，连缀成很长很长的线，圈了一大块土地，而只付给 15 匹布作为代价，就从高山族人那里夺走了一大片富饶的土地，接着殖民者的铁蹄就蹂躏了整个台湾宝岛。他们据要塞，垒城堡，筑高楼，置官府，架枪炮，血腥镇压台湾人民的反抗。他们残酷榨取台湾人民的血汗，贪婪地攫取了台湾宝岛大量的宝贵财物。

日月潭在泣血，阿里山的松涛在哀鸣。郑成功是明朝末年一位爱国将领，他决心要收复台湾，要拯救处于水深火热中的台湾同胞。1661 年 4 月，郑成功率领 2500 名官兵，从金门乘坐三百余艘战舰，轻舟竞发，劈波斩浪，奋勇向台湾进军。郑成功率军在台湾禾宁港登陆后，迅速围攻赤嵌城，击溃敌军的援兵。经过八个月的浴血奋战，荷兰总督揆一东逃西窜，走投无路，1662 年 2 月 1 日被迫带着残兵败将，垂头丧气地向郑成功呈上投降书。从此，沦陷 38 年的台湾宝岛又回归祖国版图，台湾同胞又回到祖国的怀抱。

郑成功收复台湾后，办教育，垦农耕，兴经济，通经贸，搞建设，日理万机，焚膏继晷地工作着，以致积劳成疾。1662 年 6 月才 39 岁的郑成功就病逝于台湾。他虽然逝世已有 355 年，但我们永远铭记他的丰功伟绩。我国大文豪郭沫若热烈歌颂了郑成功的不朽功绩和伟大一生："开辟荆榛千秋功业，驱除荷虏一代英雄。"郑成功是永远活在我们心中的伟大民族英雄。他有炽热如火的爱国丹心，他有叱咤风云的英雄气概，他有指挥若定的雄才大略，他有铮铮如钢铁般的民族傲骨，他有“鞠躬尽瘁，死而后已”的工作精神。他是值得我们永远纪念的伟大爱国者，他是永远激励我们奋勇前进的伟大民族英雄。

我们要牢记郑成功发人深思的话：“养心莫若寡欲，至乐无如读书。”我们要珍惜美好的时光，努力学习文化科学知识，学好本领，为社会主义祖国贡献力量。我们纪念民族英雄郑成功，我们急切盼望台湾岛早日回归，祖国早日统一。

大陆台湾金桥飞架将可睹；

同胞兄弟骨肉团圆定有期。

左海伟人林则徐

民族英雄林则徐（1785—1850），字少穆，一字元抚；清代福建侯官（今福州市）人。乾隆五十年七月二十六日（1785 年 8 月 30 日）子夜，他出生于福州城内左营司一家书香之家，他的父亲林宾日是秀才，他的母亲陈帙，贤慧能干，重视对子女的教育培养。林则徐自幼秉承家庭教训，接受家族良好熏陶，形成俭朴、正直、勤勉、胆略超人的品格；家庭生活虽然清贫，但是他能刻苦向学。他四岁时候，其父在罗氏私塾教书，并把他抱在膝上讲授字句，7 岁时候教他作文。嘉庆二年（1779 年），林则徐获得郡试第一名，第二年 14 岁的他参加科试，考取秀才。他少年时候，依靠母亲做纸花帮助过日子，除夕晚上，才能吃上素炒豆腐。晚上点灯节省用油，只用两根灯芯，为了要励志攻读，他把衣服拿到典铺抵押，将典衣的钱买油来读书。他在鳌峰书院求学七年时间，一直到中举为止。书院山长也就是今天的学校的校长，名叫郑光策，他对林则徐影响很大；同时，他还结识了学者陈寿棋及好友梁章钜、杨庆琛、廖鸿荃、沈延槐等人。嘉庆九年（1804 年）秋，他 20 岁考中了举人。同年与当过河南永城知县郑大漠的女儿郑淑卿结婚。嘉庆十一年（1806 年）秋，他接受厦门海防同知（官名）房永清的邀请，聘为文书，他亲眼看见英国输入厦门的鸦片，给官兵以及老百姓带来的祸害。第二年1月林则徐接受福建巡抚张师诚的赏识，聘入幕府4年左右，从而在工作上掌握了许多历史掌故以及兵、刑、礼、乐等有关知识。嘉庆十三年（1811年）春天，他以二甲四名中了进士，发榜后，入翰林院学习满文，重阳节后他离京回榕，携妻郑淑卿同到北京。嘉庆十九年（1814年）他提任翰林院编修、国史馆协修。但他不思当官发财，而专心研究学习徐光启的《农政全书》等农田水利著作，准备撰写科学论著《北直水利书》。嘉庆二十一年（1816年），他担任江西乡试副主考，选拔清贫积学的读书人，当时被人称誉为“清榜”。第二年他又担任云南会试主考，为国家推举实用的人才。嘉庆二十五年（120年），他被授予江南道监察御史。弹劾广东握有实权的地头蛇张保；针对河南水利工程的积弊，提出用料“严密查封，平价收买以济工需”的建议，为嘉庆皇帝所采纳。同年六月，他出任浙江杭嘉湖道台，发布观风告示，改革书院旧规，修岳坟和于廉祠墓，兴修加固海塘，雷厉风行地打击社会上歪风邪气。道光二年（1822年），他调任浙江盐运使。从产、供、销、运、存、管六个环节入手，提出盐管十项措施，整顿盐政。第二年，他升为江苏按察使。认真处理积案，平反冤抑，打击邪恶势力，获得“林青天”的盛誉；林则徐极力劝阻当时的巡抚不要镇压因为水灾而包围官府要求赈济的灾民，要实施赈灾工作，因而，当时他“贤名满天下”。道光四年（1842年），他因拯救十余万灾民有功，提升为江苏布政使，农历七月，他母亲病逝，当时淮海道台梁章钜打算发动同僚捐款乐助，为两袖清风的林则徐回家奔丧，但被他坚决谢绝。道光五年（1825年）洪泽湖堤酿成大灾，他奉皇帝圣旨“夺情”，赶赴高家堰工地督工，数月间他穿着素服奔波于风雨泥泞之中，因为劳累过度旧病复发。道光七年（1872年）他调任陕西按察吏，不久又升为江宁布政使，交卸之际，他还赶到洛阳安顿灾民，勘察福建县城等事。

林则徐从少怀志，青年脱颖而出，由于他才干超群，胆识过人，屡次立功，因而，受到道光皇帝的赏识，连续八次召见，受命为钦差大臣。“赴广州禁烟与抗英斗争”，是他的政治生涯中最辉煌的一页。他不仅是抗击外国侵略的民族英雄，而且是中国近代史上第一个睁眼看世界，敢于向外国先进思想和技术学习的先驱者。道光十九年（1839年）6月3日凌晨，他在广州近郊虎门海滩上，主持了一次震动世界的禁烟大会。他下令销毁全部缴获的鸦片有2376254斤，前来参观的不仅有中国广大的人民群众，同时，还有被他勒令前来的外国商人和官吏等。这一正义行动，是中国人民的禁烟斗争中的伟大胜利，也反映了中国人民不畏强暴，准备抵抗任何侵略的决心。促使外国侵略者感到震惧而胆寒，人民群众拍手称快，并获得全国人民的热烈拥护。“虎门销烟”从6月3日至25日，是世界禁毒史上的辉煌壮举。国联曾把6月3日定为禁毒日，联合国将6月26日定为国际禁毒日。

禁烟后，林则徐坚决驳斥了“战争起于中国查禁鸦片”的强盗逻辑。他说的意思是：外国侵略者入侵不是由禁烟而起，因为我们不禁烟，他们也同样要侵略；这样是决定了侵略者“利心不死”、“反复无常”、“欺弱畏强”的本质。如果我们让步不抵抗，他们就会进一步发动侵略。由于林则徐高瞻远瞩看到了问题的本质。所以，他在军事上做了准备，没有放松对敌人的警惕性。积极着手修筑工事，招募一批水上居民（旦民）、渔民、盐工为突击队，时刻准备运用这个“民间力量”与敌人作斗争，保卫祖国的南疆。由于军民合作团结，对敌斗争力量是无穷无尽的。因而，林则徐深信“民心可用”，同时体会到人民的力量是伟大的，足以制侵略者而有余。贩毒头子义律公然发起武装挑衅，林则徐坚垒固军，于1839年9至11月，接连7次挫败英国侵略者，连获鸦片战争前哨战全胜佳绩。当时，道光帝闻捷大喜，嘉奖了林则徐，又任命他为两广总督，但否定了他对英国商人分清良莠，区别对待的方针，下旨驱逐全部英船出境，从而断绝中英贸易。

道光二十年（1840年）6月28日，48艘舰船，4000多士兵组织的英国侵略军封锁了广东海面，正式发动侵华战争。林则徐严阵以待，增修虎门炮台300多位，并招募水勇，加强团结，保家卫国。在他沉着指挥下，我国军民奋起抗击英侵略军战舰的武装挑衅，取得了九龙海战、穿鼻海战、官涌海战、磨刀洋海战等四次胜利，敌人在广东无隙可寻，一再遭受到可耻的失败，显示出中国人民的骨气和威力，林则徐不愧是英雄，创出惊天动地的伟迹。英国侵略者只好转向福建、浙江沿海一带，由于这些地区事前准备不足，当发生战斗时又抵抗无力，造成定海失守，投降派乘机抬头，把战败的责任归咎于林则徐禁烟事上；道光皇帝便把他当为替罪羊。结果，降旨将他革职，道光二十二年（1842年）被清政府遣戍流放到新疆伊犁城。

他在流放途中，回首广州禁烟运动的失败，陷入沉思；在这长达半个世纪的历史中，他经历所谓康乾“盛世”，直至沦为半殖民半封建社会。报国忧民的林则徐与这历史车轮同步，他必须思考着中国前途的命运；朝延日益腐败，又面临鸦片的侵入，闭关锁国政策已不适时宜，多么软弱无力。为了振兴中华，抵制外来的侵略，林则徐力图补偏救弊，变革图强，因而主张学习外国先进文明，抗击侵略者的挑衅，这就形成了林则徐区别于前人的独到思想深度。到扬州，他与好友魏源相遇，促膝长谈，并将自己汇编的《四洲志》等交给魏源，嘱其编撰《海国图志》。他不顾劳累，在灯下还整理铸炮方法和工艺及 8 种战船图样等，为鸦片战争后，“要师夷之长技”进行总结，然后“才能制敌”。他在新疆 3 年，忍辱负重。他思想并不消沉，在三儿聪彝陪同下，会同喀喇沙尔大臣全庆，行程两万里，足迹遍布天山南北，共查勘 68 万 9 千亩，积极推动和协助布彦泰将军大办屯垦事业、兴修水利。开挖了不少“坎井”，利用地下泉水进行灌溉，保证农业增产增收，群众感激他，就把坎井颂称“林公井”。1845 年冬天，他奉圣旨获释入关，以后，他担任陕甘总督，陕西巡抚，到昆明就任云贵总督。林则徐按照“不分汉回，但分良莠”的民族平等政策，得到边疆人民的拥戴，皇帝诏加太子太保。1849 年因病告老还乡回到福州前，几万云南人民焚香载酒夹道欢送他。道光三十年（1850 年）11 月 5 日林则徐奉旨为钦差大臣，带病从福州起程，前往广西督师，在途中于 11 月 22 日病逝于广东潮州普宁县行馆，终年 66 岁，皇帝追赠太子太傅，谥“文忠”。

林则徐是彪炳青史的伟大的爱国主义者，是我国近代“睁眼看世界”的第一人，是继承和弘扬中华民族优秀传统的典范。他当官十四省（河北、江西、云南、浙江、江苏、陕西、湖北、河南、山东、湖南、广东、广西、甘肃、贵州），被称誉为“六任封疆帅，千秋社稷臣”。由于他亲切关心民间疾苦，主张改革，兴修水利，发展生产，严禁鸦片。林则徐领导禁烟斗争，揭开了中国人民反抗外国侵略斗争史上的第一页，并在国际禁毒史上树起了第一块丰碑。他名垂青史，受到中国人民的崇敬，在国际上产生深远的影响，最重要的就在于为了振兴中华，“苟利国家生死以，岂因祸福避趋之”。因而他具有不怕千难万险，不计个人生死祸福，为国家和民族的利益奋斗拼搏的爱国主义精神。这种精神将激励我国人民为争取民族独立、振兴中华而奋斗！

林则徐生于福州，功在国家，这是中国人民的光荣，也是福建人民的骄傲，在历史长河中，林则徐的英名与日月同辉，他的精神永放光芒！

中国的“盗火者”——严复

你们知道在中国近代史上有个叫严复的人吗？毛泽东同志早在《论人民民主专政》一文里指出：“自一八四〇年鸦片战争失败那时起，先进的中国人，经过千辛万苦，向西方国家寻找真理。洪秀全、康有为、严复和孙中山，代表了在中国共产党出世以前向西方寻找真理的一派人物。”这个“严复”就是福建省福州市阳岐乡人。他从思想家的角度，背负着中华民族伟大而沉重的包袱，率先放眼世界，以其译著《天演论》等，给沉闷的华夏大地，注入一股清新的空气，振奋了中国整整的一个时代，正如普罗米修斯盗来一把“圣火”，在中国的大地上熊熊的燃烧，使中国的人民在痛苦中有一个巨大的觉醒。我们为福州孕育了严复这样的“盗火者”而感到骄傲，更为继承严复等人遗志，肩负振兴中华民族的历史重任而责无旁贷。

一、少年严复，睡在历史的摇篮上。

严复，又名传初、几道、又陵、宗光等，其中“又陵”、“宗光”、“严复”都是自取的。据说严复小的时候十分崇拜他严氏的老祖宗严子陵。在汉代，严子陵曾辅佐光武帝成大业。小小的严复心里想：我何不取字“又陵”，再扮一个“严子陵”的角色。为国家做一番轰轰烈烈的大事业。果然严复出生的时代是中国最弱的时代。1840 年，鸦片战争的炮声震碎了天朝大国不可战胜的神话，随着而来的是一系列的帝国主义侵略者战争的残酷蹂躏和一个又一个不平等条约的签订。中国成了任人宰割的一块历史膏粱。于是在这民族存亡的生死关头，便有一大批一大批的仁人志士，奋臂而起。严复就睡在这个历史摇篮里，摇醒了一个多年来科举入仕的梦。那时严复（1854 年生）14 岁，他的父亲严振先逝世了，生活无靠，便义无反顾地跑到马尾“求是堂艺局”读“新学”。他以《大孝终身慕父母论》一篇，大获马尾钦差船政大臣沈葆桢的赏识，为“求是堂艺局”第一届第一名的学生，以后的成绩也一直名列优等，所以除了在学校里可以不用交学费之外，还可以有许多的奖学金，寄回家去，替母亲帮贴家计。光绪三年（1877 年），他又被政府派遣到英国留学，除了先后在抱士穆德和格林尼次海军大学学习外，更兴趣的是到社会上考察英国资产阶段的社会制度，阅读和研究卢梭，穆勒、达尔文、赫胥黎等大量资产阶级哲学著作。中国驻英公使郭嵩涛称赞他是“中国最有学问的人”，甚至说“出使英国”、“非君莫属”。严复，就是这个严复，成为“世纪的产儿”，接受今后几十年“风雨飘摇”的洗礼。

二、严复从西方盗来《天演论》的火种，燃烧着整整一个中国。

光绪五年（1879 年），严复从英国留学毕业回国，先在马尾船政学堂任教，后到天津水师学堂任总教习，以后升为总办，领四品“选用道员”衔，但满肚子富国强兵的学问都没有受到重用。因此他还想回过头来参加科举考试，以图有实现抱负的机会，但光绪二十年（1894 年），中日“甲午战争”爆发了，严酷的现实，砸破严复的幻想，他觉得机遇不能错过，时间不能等待，便丢掉幻想，掣起如椽大笔，用中国古文翻译英国哲学家赫胥黎的《进化与伦理》一书，按书中的内容，取名《天演论》。其主要的内容是有关演化中宇宙过程的自然力量与伦理过程中人的力量相互激扬、相互制约、相互依赖的根本问题，以“物竞天择”、“适者生存”的生物进化理论，警醒国人，阐明“天道变化，不立故常”，“世道必进，后胜于今”，“物各争存，宜者自立”，“保群进化，与天争胜”等论点。在当时来说，这些崭新的观点和语言，对中国的思想界确实是大大开拓了眼界。梁启超最早读到《天演论》的译稿，他十分为严复的思想所折服，自觉地进行大量的宣传。并且身体力行，根据《天演论》的观点写文章。尽管康有为当时目空一切，但他从梁启超处读到《天演论》的译稿，也不得不承认严复译《天演论》“为中国西学第一者也”。此外夏曾佑说他“佩钦至不可言喻”。胡适说：“（《天演论》）是一种绝大的刺激。几年之中，这种思想像野火一样燃烧着许多少年人的心和血。”民国元老胡汉民说：“自严氏书出，而物竞天择之理，厘然当于人心，而中国民族为之一变，即所谓言合群言排外言排满者，固为风潮所激发者多，而严氏之功盖亦匪细。”之后，

《天演论》思想的传播，也哺育了新一代的无产阶级革命家，如鲁迅、李大钊、陈独秀、毛泽东等都受到熏陶，然后才接受马克思主义的。总之《天演论》的影响、价值和生命都是那个世纪的最强音。这是严复本身都始料不及的。

严复除了翻译《天演论》之外，还接二连三翻译密克的《支那教案论》、斯宾塞的《群学肄言》、穆勒的《群己权界论》《名学》、甄克思的《社会通铨》、孟德斯鸠的《法意》、耶芳斯的《名学浅说》和瓦西琴的《中国教育议》等十余部著作，此外他还撰文《论世变之亟》《救亡决论》《上光绪皇帝书》等大量的维新言论，参加维新改革活动，特别受到光绪皇帝的召见。光绪对他“鼓民力、开民智、新民德”的方略感到十分兴趣，关照他要早早的送上来。

总之，严复作为资产阶级的启蒙思想家，从《天演论》开始，第一个把西方的进化论思想，成系列的介绍到中国来，震醒了中国的民族和人民，开始一场波澜壮阔的维新改革运动，挽救了中国，也挽救了中国人民，因此说严复成了中国近代史上的划时代人物。

三、“筹安会”之后严复闭门修过，拒绝袁世凯的诱惑，保持“人生一世”的晚节。

正当中国改革的蓝图被严复等人推上了历史的地平线，东方美丽的太阳就要喷薄而出的时候，严复失败了，中国维新改革也随着慈禧太后发动的宫廷政变而宣告破产。“维新六君子”被杀，严复也上了太后党的黑名单。此后他东奔西走，几至于颠沛流离，但仍然顽强地翻译西方的书，写他的文章，还参加上海的“自立国会”，被选为副会长。辛亥革命后被袁世凯聘为总统府高等外交顾问。但袁世凯等人瞒着严复等人搞复辟帝制的阴谋，曾经三次派杨度来严复家里来，请严复参加“筹安会”。严复拂不过朋友的情面，没有坚持原则，只是“虚与委蛇”。可是杨度竟以先下手造成既成事实，把严复的名字列入“筹安会”宣言的名单见报，于是此后严复变成袁世凯的走狗，成了众矢之的。严复慑于袁世凯的权势，无可奈何只好以病为借口，躲在家里闭门思过。但他知道自己不能再有错误了。当袁世凯特派公府内史夏寿田拿 4 万元的支票到严复家，请严复写一篇称颂帝制的文章时，严复没有接受。因此严复“终洪宪之世，独未尝有只字称扬帝制”，力保晚节，也因此得到中国人民的谅解。所以，民国政府以“人才难得”赦免严复参加“筹安会”的罪名。民国十年（1921年），严复在福州郎官巷病逝，弥留之际遗嘱曰：“中国必不灭，旧法可损益，而不可叛；新知无尽，真理无穷，人生一世，宜励业益知；两害相权，己轻群重。”表达他对前途、伦理、处世坚定的信念。

严复毕竟是属于我们这个时代的伟大人物之一。他的一生活动最有价值的地方就是中国的思想解放运动——通过系统地介绍西学——找到了一个支点，使西方的文明和东方的文明溶于一片明净的天空，以至于后来不断衍发着明丽的光辉，直到现在我们依然在这一片光辉底下，创造人类的文明。因此，我们不能忘记，也没有忘记我们的先贤——严复先生，愿以他的思想为动力，创造条件，走向他思想的更高的高峰。

为天下人谋永福

你到过坐落在福州杨桥路上的林觉民故居吗？你见过闽江南岸仓前公园里的林觉民塑像吗？或是在华林路上走过时，你见过“为天下人谋永福”的名人名言灯箱广告吗？你们中的一些人可能会说“没有”，但却不可能没有读过课文《与妻书》，那是震聋发聩，堪称千古绝唱的不朽文字。

林觉民——这个响遏行云，令人兴奋颤栗的名字。从30年代商务印书馆出版的《中华英烈像赞》上看，前有堪称燕赵英豪刺杀清五大臣的吴樾，后有策动安庆绍兴起义的鉴湖女侠秋瑾，照片上的林觉民眉清目秀，是典型的美少年，牺牲时仅24岁。他死在倾覆中国两千年封建专制制度的前夜，这不免使人叹惋，益增怀念。孙中山这样评价林觉民和他的战友，“是役也，碧血横飞，浩气四塞，草木为之含悲，风云因而变色，全国久蜇之人心乃大兴奋，怨愤所积，如怒涛拥壑，不可遏抑。不半载而武昌大革命以成，则斯役之价值，直可惊天地、泣鬼神，与武昌革命同寿。”

19世纪末的中国，风雨如磐，长夜难明赤县天。

1887年，林觉民诞生于福州南后街，他从小过继给叔父林孝颖为子，林孝颖是当时颇有名望的学者，后受聘为全闽大学堂教习。

少年时代的林觉民就具有反封建的叛逆性格。13岁那年，他受父命参加科举童子试，在试卷上写下“少年不望万户侯”七个大字，掷笔而去。

1902年，林觉民考入全闽大学堂文科。那时西方资产阶级进化论思想已传入中国，青年学生大都沉醉于自由平等的理想，林觉民自号“抖飞”，寄寓其意。他生性诙谐，擅长言词，开始初步接触西方资产阶级进化论思想，并参与组建了福建学生联合会，领导组织了许多反满暴政活动。学堂总教习很喜欢他，曾对林孝颖说：“是儿不凡，曷不宽假，以养其刚大浩然之气。”林觉民关心时事，敢于发表自己的观点。有一次，他在城内七星君庙作“挽救垂亡之中国”的演说，听者无不动容。刚好学堂某学监也在场，事后曾对人说：“亡清者，必此辈也。”

1907年林觉民负笈东渡日本。当时日本是中国反清志士逋逃之渊薮，群雄聚风云际会之地，林觉民加入了同盟会，成为第十四支部的重要骨干。林孝颖对处异国他乡的儿子很担心，写信要他多留心。他复信说：“大人所不安者，恐儿学非所用，将有杀身之祸。今习文科，文科主心理、伦理诸学，岂有学心理、伦理之人而祸者？”借此来安慰林孝颖。此时的林觉民已经抱定毕生从事资产阶级革命的信念。他在东京寓所“田野居”悬挂有华盛顿、拿破仑绣像，常对同学说“华盛顿哥哥，拿破仑弟弟”说明他已具有浓厚的民权平等思想。

当时留日学生常常聚在一起，谈及列强凌迫、生灵涂炭，个个痛哭流涕。林觉民愀然变色，疾呼道：“中国危殆至此，男儿死就死了，何必效新亭对泣，凡是有血气的男人怎么能坐视第二次亡国的惨状呢？……”顿时满场皆惊。

1910年广州起义失败后，同盟会于是年11月召开槟榔屿会议，制定了辛亥年于广州举义计划，决定依靠同盟会自身力量单独举事，同时命在日留学生、华侨等全部出动。当林觉民到达香港跑马地35号同盟会起义总指挥部统筹部机关时，黄兴大喜道：“意洞来，天助我也，运筹帷幄，何可一日无君。”黄兴当即交给林觉民回闽策应广州起义的任务，并嘱多动员一些人来聚义。

当这些准备工作都做好以后，林觉民的心情却是难以平静。

林觉民夫妻感情十分融洽，他结婚后写过一篇记录自己夫妻缱绻的情感生活的文章《原爱》，文中说："吾妻性癖好尚，与君绝同，天真浪漫真女子也！"友人看了文章后也说："读大作《原爱》理义公正，情词并茂，乃知文学家亦有真也！"林觉民夫妻的居所是一座二层小楼，叫双栖楼。楼前植蕉梅，陈意映与林觉民的信笺落款常署"双栖楼主"。林觉民参加革命，陈意映是知道的，平时林觉民去下渡十锦祠福建支部开会，陈意映常在外望风。其它如运送枪械弹药也是夫妻俩结伴同行，但这一次，林觉民却不愿妻子知道。

"汝忆否？四五年前某夕，吾尝语曰：'与使吾先死也，无宁汝先吾而死。'汝初闻言而怒，后经吾婉解，虽不谓君言为是，而亦无言相答，吾之意盖谓以汝之弱，必不能禁失吾之悲，吾先死留苦与汝，吾心不忍，故宁请汝先死，吾担悲也。嗟呼！谁知我卒率先汝而死乎！"

这是何等诚挚缠绵的夫妻情爱呀！

"吾真不以忘汝也？回忆后街之屋，入门穿廊，过前后厅，又三四折，有小厅，厅旁一屋为吾与汝双栖之所。初婚三四月，适冬之望日前后，窗外疏梅筛月影，依稀掩映。吾与汝并肩携手，低低切切。何事不语，何情不诉。及今思之，空余泪痕。又回忆六七年前，吾逃复归也，汝泣告我：'望今后有远行，必以告妾，妾愿随君行。吾亦既许汝矣，前十余日回家，既欲乘便以此行之事语汝，得与汝相对，又不能启口。且以汝之有身也，更恐不胜悲，故惟日日呼酒买醉……"

面对怀孕8月即将临盆的爱妻，面对5岁的稚儿和日渐衰老的老父，面对身处水深火热之中煎熬的4万万中国人，林觉民只能选择后者，这就是一个青年殉道者向我们敞露的心扉。

山雨欲来风满楼。4月24日晚林觉民与林尹民等人同宿于香港滨江楼，待战友们入睡后，他独自挑灯作绝笔书，直至破晓。《与妻书》是写在一块白色正方形手帕上，婉转千余字，字字情真意切，熔真挚情爱与革命理想于一炉。文中这样写道：

"意映卿卿如晤，吾今以此书与汝永别矣！吾作此书时，尚是世中一人；汝看此书时，吾已成阴间一鬼。……吾自遇汝以来，常愿天下有情人终成眷属，然遍地腥云，满街狼犬，称心快意，几家能够？……吾充吾爱汝之心，助天下人爱其所爱，所以敢先汝而死，不顾汝也……汝体吾此心，于啼泣之余，亦以天下人为念，当亦乐牺牲吾身与汝身之福利，为天下人谋永福也。汝其勿悲。"最后说："汝幸而偶我，又何不幸而生今日之中国！吾幸而得汝，又何不幸而生今日之中国！卒不忍独善其身！”字里行间，情如杜鹃泣血文如黄钟大吕，读之断肠催人泪下。又从网篮中取出一张英文作业纸，写道：“父亲大人，儿死矣，惟累大人吃苦，弟妹缺衣食耳，然大有补于全国同胞也，大罪乞恕之！”廖廖数语，表现了林觉民舍小家取大义而杀身成仁的决心。

一个革命者明知此行必死而义无反顾地选择死，此时他的心情虽逐渐澄明起来，但对亲人仍然有些难离难舍。翌日清晨，在进入广州的渡轮上，浪花涛涛，林觉民对郑烈说：“念日同胞非不知革命为救国唯一之手段，特畏首畏尾，未能断绝家庭情爱耳。今试以余论，家非有龙钟老父、庶母、幼弟、少妇稚儿者耶，顾肯从容就死，心之摧、割肠之寸断，木石有知，亦当为我坠泪，况人乎。推之诸君，家族情况莫不类此，甚至身死而父母、兄弟、妻子不免冻馁者亦有之。故谓吾辈死同胞不醒者，吾绝不信也。”又对其他战友说：“吾辈此举，事必败，身必死，然吾辈身死之日距光复期必不远矣。”这是何等远大的目光，何等坚定的殉道者。

4 月 27 日早，林觉民与黄花冈义士福建十杰林文、陈更新、林尹民等人一同编入黄兴统率的第一路先锋队。当日黄昏，残阳如血，林觉民偕林文、方声洞、陈更新等随黄兴直扑两广总督署。署内不见总督张鸣岐，革命党遂犁庭扫穴，将督署付之一炬。由于陈炯明等人中途撤出，起义实际只有一路发难，故在寡不敌众的情况下失败了。义士们的鲜血染红了红棉花，林觉民也在枪战后被俘。当时报载抓获一“乱党美少年”，指的就是他。

督署大堂上，两广总督张鸣歧和广州水师提督亲自审讯林觉民。林觉民“侃侃而谈”，综述世界大势和各国时事，并以笔代言，“立尽两纸”洋洋数千言……“书至激烈处，解衣磅礴，以手捶胸”，怒斥清王朝腐败。写罢又在分堂发表演说，宣传革命，奉劝清朝官员洗心革面，革除暴政。并表示只要“革除暴政，建立共和，能使国家安强”，“则吾死瞑目矣”。

有人以保存国家元气劝张鸣歧对林觉民网开一面，张鸣歧凶鸷地说：“此人面貌如玉，心肠如铁，心地光明如雪，也称得上奇男子……这样的人才留给革命党，为虎添翼，这还了得！”

死刑就这么决定了。

临刑前，林觉民泰然自若，时年仅24岁。

风萧萧兮易水寒，壮士一去兮不复还。

亲爱的同学们，林觉民生活的时代早已成为过去，百年魔怪舞翩跹的历史已不重演。我们今天的青少年肩负着将先烈们的事业继往开来发扬光大的使命，我们一定要为建设强大的祖国竭精殚智。同时，我们也要永远牢记烈士的血泪之言“为天下人谋福”，在国家，人民需要我们的时候，随时准备牺牲个人的一切。

华侨旗帜　民族光辉

当我们乘车从福州出发要去厦门，途经集美的时候，就可以看到一排排高楼，这就是集美学村的校舍。看到这些院校，就令人想起它的创办人——著名的南洋爱国华侨领袖陈嘉庚先生。

陈嘉庚先生1874年生于福建同安县集美社（今属厦门市集美镇），9岁入私塾，17岁时，就辍学出洋经商。长期侨居新加坡，从事橡胶等行业。1910年在新加坡参加同盟会。1911年任福建保安会会长。曾募款资助孙中山先生进行革命活动。陈嘉庚热心兴办华侨和家乡的文化教育与公益事业。1931年开始，他在集美创办小学、中学和师范、水产、航海、农林、商科等学校。1918年在新加坡创办南洋华侨中学。1921年在厦门创办厦门大学。他历尽艰辛，倾资兴办教育事业，中外闻名。他热爱祖国，积极带领南洋华侨投身抗日救国事业，事迹同样是十分感人的。

早在1931年“九一八”事变后，陈嘉庚就在新加坡召开侨民大会，通过致电欧洲日内瓦国际联盟会，谴责日本的侵略罪行，要求维持世界和平，否则导火线自此发生……并提出侨胞出钱出力，抵制日货，进行救国活动。

1937年，“七七”和“八一三”事变相继发生，中华民族到了生死存亡的紧要关头。陈嘉庚获悉，心急如焚，8月15日便在新加坡召开侨民大会，成立了“马来西新加坡筹赈祖国伤民难民大会委员会”（简称“新加坡筹赈会”）陈嘉庚被推举为主席。他在大会上号召：“今日大会目的专在筹款，而筹款要在多量而持久，新加坡为全马或南洋华侨视线所注，责任非轻。”新加坡华侨的爱国行动犹如一石激起千层浪，南洋各地纷纷建立“救灾会”、“慈善会”等救亡团体。

为了使华侨对祖国抗战作出更大的贡献，筹赈工作更好地开展，经陈嘉庚等华侨领袖的组织发动，1938 年 10 月 10 日，他们召集南洋各地 45 个华侨团体的代表，在新加坡举行“南洋华侨筹赈祖国难民代表大会”，正式成立了“南洋华侨筹赈祖国难民总会”（简称“南侨总会”），成为南洋华侨救国总机关，陈嘉庚任主席。他们把分散的东南亚各地华侨力量统一组织起来，团结在抗日救国的旗帜下，使南洋的抗日救亡运动进入一个新阶段。到 1940 年 12 月，海外华侨救亡团体发展到 919 个，其中南洋华侨救亡团体就达 703 个。

南洋华侨在南侨总会的组织发动下，首先在财力上支援祖国抗战。华侨捐款的主要形式有常月捐、特别捐、节约捐等。陈嘉庚在“新加坡筹赈会”成立大会上，带头认常月捐，每月捐国币 2000 元，直到战争结束为止。在他的带动下，南洋华侨对祖国抗战筹赈工作，“风起云涌，海啸山呼，热烈情形，得未曾有，富商巨贾，既不吝金钱，小贩劳工，亦尽倾血汗。”抗战头 4 年，南侨总会筹集给中国政府的捐款，总数约值国币 4 亿元。

而在物力方面的支援，陈嘉庚和南侨总会其他领导发动华侨捐赠的飞机、汽车、衣物、药品等也源源不断地运到祖国。仅菲律宾一地，1938 年捐献的飞机 50 架；1940 年的捐献运动中，仅新加坡就捐汽车 40 多辆。

在人力方面，陈嘉庚积极组织华侨回国参战。在南侨总会的号召和组织下，有一千多名华侨青年回国参军作战，如在当时的中国空军战机飞行员中，华侨几乎占四分之三。1938 年 8 月，滇缅公路竣工通车，全长 1146km，沿途高山峻岭，道路崎岖，急需大量的汽车司机和维修工人，陈嘉庚知道后，以南侨总会名义发出通告，华侨踊跃应征，“数月之间，热诚回国者 3200 人。”仅 1939 年 7 月到 1942 年 7 月三年之间，经滇缅公路运输回国的军需品和其它物资共 45. 2 万吨。

陈嘉庚还在南洋华侨中“极力提倡国货，抵制日货”，把它作为南洋总会抗日救国主要任务之一。这项工作，给日本在南洋的经济活动以沉重打击。

抗战初期，身为国民党副总裁、中央政治委员会主席、国民参政会议长的汪精卫就提出“抗战牺牲论”，大肆散布“和则存，战则亡”的反动言论。为此陈嘉庚多次致电谴责汪精卫，并在报纸上公开披露。1938 年 10 月 28 日，国民参政会第二次大会在重庆召开。当时正是广州失陷和武汉撤退的国难紧要关头，汪精卫却公然发表臭名昭著的“和平谈话”，散布悲观妥协言论。大会开幕时，陈嘉康先生以南侨总会主席名义和国民参政员身份，从新加坡发一个电报提案：“敌人未退出我国以前，公务员谈和平便是汉奸国贼。”提案获得大多数参政员赞成通过，将原文修改为“敌未出国土前，言和即汉奸”。当时，汪精卫以参政会议长身份担任大会主席，提案通过后，脸容惨变，坐立不安。这个提案给投降派以沉重打击。著名的新闻记者，政论家邹韬奋给予高度评价，说：“这寥寥十一个字，却是几万字的提案不及其分毫，是古今中外最伟大的一个提案。

1938 年 12 月，汪精卫公开叛国投敌以后，和日本帝国主义合谋，派人到新加坡，企图组织伪侨务委员会，阻止华侨的抗日救亡运动，并大造反共舆论。陈嘉庚以南洋总会的名义发出题为“揭发国贼汪精卫之罪恶，请华侨毋为妖言所惑”的《通告》，指出：共产党自“抗战以来，屡建殊勋”、“光明正大，可以质诸天地鬼神，岂汪贼及少数嫉忌党人所能破坏耶”？

为了了解国内抗战情况，鼓励祖国军民的斗志，使海外华侨更加努力抗战工作，陈嘉庚发起组织了“南洋华侨回国慰劳视察团”。1940 年 3 月下旬，陈嘉庚一行抵达重庆，国民党要员多人先后到他住处，极力诽谤共产党，并对他的延安之行加以劝阻。陈嘉庚以“代表华侨职责，回国慰劳考察，凡交通无阻要区，不得不亲往以尽任务”答之，并亲赴延安慰劳考察 8 天。回到重庆后，他应国民外交协会的邀请，作了题为《西北观感》的报告，如实介绍了共产党领导下的边区欣欣向荣的景象和军民奋勇抗战的情形，使国民党统治区人民明白了真相。回新加坡后，他也如实地向华侨报告自己回国的见闻和感受，鼓励华侨更加努力抗战。

由于陈嘉庚先生积极投身抗战，日方把他视为“南洋抗日的巨头”，占领新加坡、爪哇等地之后要缉捕他。但由于华侨的尽心掩护，他幸而平安。在爪哇避难期间，他撰写了《南侨回忆录》，于1946年出版，影响很大。

抗战胜利后，陈嘉庚回到新加坡，创办了《南洋日报》，进行爱国民主活动。

1949年6月初，陈嘉庚接受了毛泽东主席的邀请，从新加坡回到北京。他出席了中国人民政治协商会议第一届全国会议。建国后，他历任中央人民政府委员委员、华侨事务委员会委员，中华全国归国华侨联合会主席。

1950年1月15日，陈嘉庚最后一次回到新加坡，先后以《回国观感》《福建建设前途乐观》为题发表演讲，并连续在《南侨日报》上发表此次回国畅游南北、进行视察的观感。这些演讲和文章以详尽、动人的事实、报告新中国各方面的新气象，后又汇编成《新中国观感集》一书，在新加坡出版，先后印刷60万册，受到广大侨胞的欢迎，使新中国在海外的威信得到提高。

陈嘉庚从新加坡回国后，大部分时间住在集美。他仍积极参政，并再次进行全国性的考察旅行，提出过许多提案和建议。他特别关心家乡的建设，对建设福建提过许多卓识远见。在修建鹰厦铁路、厦门海堤和杏林围垦中，陈嘉庚都起了重要作用，对50年代福建经济的恢复和振兴做出了重大的贡献。

在故乡集美，陈嘉庚不但主持抢修了在战争中遭破坏的集美校舍，又进行大规模的扩建，短短几年中，一幢幢壮丽的校舍拔地而起，总面积达16万平方米，等于解放前校舍总面积的四倍。集美渐成为一个昌明教育、培养人才的学村，而且也成为风景宜人的海滨游览胜地。他亲自筹措经费，为厦门大学设计督建了“建南”大会堂，图书、生物、化学和物理四个馆……建筑面积达五万九千多平方米。

集美和厦大，凝结了陈嘉庚一生的心血。由两鬓青春的壮岁，一直到须发斑白的暮年，数十年如一日。他一生献给文化教育的钱，约合1982年的一亿美元，人民币一亿五千万元，创办或资助过的学校超过百所。在私人办教育的历史上，这是前无古人的。

晚年期间，陈嘉庚先生虽年过八旬，但仍精神矍铄，关心着国家大事。1958年1月，医生发现他右眼眶上隆起一粒肿瘤，确诊为鳞状皮癌。周恩来总理知道后，请他到北京，指派著名的医师为他治疗，使皮癌得到控制。但老人闲不住，带着病又到东北、山西、湖南等地参观考察。由于过度疲劳，1961 年 6 月，他突发脑溢血，虽然抢救了一个多月，终因年老全身机能衰竭，8 月 12 日在北京逝世，享年 88 岁。

陈嘉庚先生常说：我的钱是“取诸社会，用诸社会”．“该花的千百万都不吝惜，不该花的一分钱也不能浪费。”平时，国家每月给他 300 元的薪水，他用 15 元做伙食费，余额便充作集美学校的经费。他临终前，还把在国内的存款 330 多万元全部献给国家。他在对家属与亲友口授的遗嘱中，一再交代：“最要紧的是国家前途”，“人有一次死，早死晚死不要紧，最重要的是国家。”

陈嘉庚先生被毛泽东同志誉为：“华侨旗帜，民族光辉。”陈嘉庚先生的生平是无愧于这八个大字的。同学们，陈嘉庚先生虽然离开我们了，但是，他的业绩永远留在祖国大地上，他坚贞不渝的爱国主义精神，永远留在我们心中！

“二七”忠烈精神永存

冉冉升起的五星红旗，是由无数革命先烈的鲜血染成的。其中有一位革命烈士林祥谦，是我国早期的工人运动领袖。他于 1923 年 2 月 7 日在武汉发动京汉铁路大罢工时，被军阀吴佩孚杀害，造成震惊中外的“二·七”惨案。他的墓地在故乡福州南郊枕峰山，有台阶 27 级，象征“二·七”这个难忘的日子。1992 年 10 月 19 日，在他诞辰 100 周年时，江泽民、李鹏等中央领导都为烈士题了词。全国各地有关部门分别举行了纪念活动。这说明，烈士的一生虽然短暂，但留给我们的忠烈精神却是永存的，党和人民永远怀念他。

在黑暗的旧中国，在马列主义真理尚未被人民所普遍接受之前，林祥谦敢于面对敌人的屠刀，大声疾呼，视死如归，用自己的行动来殉中国人民的解放事业，这与其出身于贫苦农民家庭，“穷则思变”，易于接受党的教导，具有坚强的革命性分不开的。林祥谦是福建省福州市闽侯县尚干乡人，1892 年 10 月 19 日出生在圣宫桥畔一个贫农家中。他自幼聪明能干、秉性刚强。由于家贫，一家三代过着饱经忧患的生活，住的是茅草棚，吃的是野果杂粮。为补贴家用，他 6 岁就上山砍柴和上街卖油条来换钱度日。因为他地位低下，常常遭到无端的欺压和凌辱。有一次，几个富家子弟偷摘龙眼，林祥谦加以劝阻反遭毒打。他回家后对母亲说："难道穷人就该受欺侮吗?"他在地主家墙壁上写了"打倒地主仔几个大字，表示了极大的愤懑和不平。

1911 年 12 月，他陪妹妹到汉口作客，正值辛亥革命风起云涌，革命气氛十分高涨，对他后来投身革命产生了很大的影响。第二年，他在妹夫周速城和几位福建老乡的帮助下，入江岸工务修理厂当工人。该厂厂长是法国人，欺压劳工更似豺狼。工人们起早摸黑，力气用尽，赚来的钱还不够养家糊口，过着牛马不如的生活。此时，林祥谦家中已有妻儿，生活并不宽裕，但见工友有难，总是倾囊相助毫不吝啬。有一次，他把身上仅有的 3 元钱送给湖北籍的工人；还有一次，他把家中仅中有的大米送给困难的工友，表现工人阶级的高贵品质。

1921 年，中国共产党宣告成立。这年冬天，党派陈潭秋、林育南、项德隆（项英）等同志深入京汉铁路工人中宣传马列主义，发展组织。林祥谦受到教育后进步很快，立志要为劳苦大众翻身求解放奋斗一生。他日夜奔走，号召工人们要团结起来，他对工人们说："工人没有结成团体就要受压迫。我们要先成立俱乐部，团结起来和反动势力斗争!"1922 年 1 月 22 日，江岸工人俱乐部正式成立，他被推选为工人俱乐部干事。在林祥谦等人的努力下，工人俱乐部办得有声有色，像一块大磁铁吸引着广大工人加入。1922 年 6 月 1 日下午，工人黄宝成被反动路警打伤了，林祥谦与几个工人代表到路局交涉，要求查办凶手，经过据理力争，迫使路警头子不得不带上凶手到俱尔部向工人赔礼道歉。这件事，让林祥谦再一次深刻地感受到工人团结的力量。从此，他更加勤奋从事于促进工人团结的工作，深受工友们的拥戴，不久又被选为京汉铁路工会江岸分会委员长。是年夏，林祥谦光荣地加入中国共产党，成为我党早期的工人运动领袖之一。

1923 年 2 月 1 日，在中国共产党领导下，京汉铁路工人在郑州举行总工会成立大会，遭到北洋军代吴佩孚的武力阻挠。总工会决定总罢工，提出"为自由而战，为人权而战"的口号，并将总工会移到汉口江岸办公。2 月 4 日上午 9 时，林祥谦接到总工会命令后，当即下达罢工令；江岸机器厂工人黄正兴于9点4分接响了汽笛，全线各站工人一致行动，前后不到2h，客车、货车、军车一律停驶，长达千余公里的京汉铁路顿陷瘫痪。与此同时，武汉各工团代表和江岸工人两万多人举行游行示威，“全世界的劳动者联合起来！”“打倒军阀”等口号此起彼伏，声势十分浩大。吴佩孚和帝国主义分子加紧勾结，密谋屠杀工人。2月7日，吴佩孚命令部下肖耀南、张厚生等人在郑州、江岸、长辛店等地血腥镇压。工人梅才咏一家被杀；纠察队员曾玉良扛着大旗牺牲在总工会门前；林祥谦的二弟林元成在动乱中飞身报告哥哥，也因工头告密被活活砍死！但工人们决不妥协，他们冒着枪林弹雨，高举纠察队大旗，高唱“颈可折/肢可裂/奋斗精神不可灭”继续坚持游行，表现了在中国共产党领导下，敢于同帝国主义及其豢养的走狗直系军阀吴佩孚血战到底的决心。

吴佩孚急红了眼，把林祥谦绑在电杆上，企图强令他宣布复工。他被敌人砍数刀，砍一刀问一句：“上不上工？”林祥谦浑身是血，始终回答：“上工要总工会下命令，我头可断，血可流，工不可复！”他大义凛然，直至牺牲，时年31岁。他死难那天正是农历大年廿，天昏地暗，山河都为之动容！

“二七”惨案，因工人们赤手空拳，被杀40余人，被捕60余人，伤数百人，开除千余人。但星星之火，可以燎原。正如周恩来同志在半个世纪前指出的那样：“二七”纪念是中国工人运动史上大流血的一幕！它开创了中国工人阶段反对帝国主义，同时，也反对中国资本家的流血斗争。它成为1925年到1927年第一次中国大革命的启明运动。”几十年来，中国的斗争实践证明了烈士们的鲜血并没有白流。“二七”烈士唤醒了沉睡中的国人的觉悟，终于推翻了压在中国人民头上的三座大山，创建了新中国。

闽籍科学家们的道德风范

我们伟大祖国，是一个历史悠久的文明古国。我们生长的八闽大地，是祖国锦绣山河的一部分。当代福建科技人才辈出，现在闽籍院士70多人，名列全国各省前茅，这是福建人民的光荣与骄傲。

不论科学家们所从事的科学研究领域多么不同，但他们的爱国主义精神是相同的，他们“献身、创新、求实、协作”的职业道德是一致的。为了祖国的繁荣富强，为了中华民族自立于世界民族之林，他们奉献了毕生精力。他们不畏难、永向前，孜孜以求地去攀登科学的顶峰。那种一息尚存奋斗不息的精神，对同学们来说，就是无价的财富。

21世纪，竞争将更加激烈，谁能攻占高科技的制高点，谁就将成为科技强国。科技竞争说到底是人才的竞争，如今的青少年就是21世纪的栋梁之材，想一想你们肩上的重担和所背负着国家与民族的希望，怎么敢不争分夺秒地去掌握人类创造的全部知识精华呢！

以人为镜，我们不妨简要介绍几位为国争光的闽籍科学家生平片断，以激励自己。

制碱工业巨子侯德榜

侯德榜（1890—1974），著名化学家，闽侯义洲新村人。在他所处的青少年时代，中国的工业十分落后，连煤油灯与火柴都叫“洋油”、“洋火”，他抱着为振兴中华而读书的宏愿，1911年考入清华学堂，1913年赴美留学获硕士、博士学位。1921从美国回国创办工厂。那时，知识分子有个说法叫作“实业救国”，侯德榜任厂长和总工程师。抗日战争爆发后工厂内迁，他再度赴德国、英国、美国考察研究制碱工业。1949年6月，在新中国成立之前，他由印度绕道朝鲜回到祖国大陆。中华人民共和国成立后，被任命为中央财经委员会委员；并任永利化学公司总经理、副董事长兼任重工业部化工技术部顾问等职。

侯德榜的创造发明，主要是联合制碱法。也称“侯氏制碱法”，引起了国际上的强烈反响。因此，荣获英国皇家学会、美国化学工程学会、美国机械学会荣誉会员，为国家争了光。

侯德榜的人生格言是：“勤能补拙”，他常以此勉励青年要勤奋，凡外国人难做到的事中国人也一定能做到。

现代妇产医学的开拓者林巧稚

林巧稚（1901—1983），厦门市人，我国现代妇产医学的开拓者。她少年时，就读于鼓浪屿女子师范学校。中学毕业后考取了协和医学院，因成绩优异，被留下做医生。1932 年，林巧稚被派往英国伦敦医学院进修，她决心要为中国妇女争一口气，她努力学习新技术为中国人民服务。1939 年，她再一次远渡重洋到美国芝加哥医学院读研究生。她医术精湛，回国被提升为协和医院妇产科主任。

抗日战争期间，协和医院被迫关门。林巧稚在北京弄堂小胡同 10 号租了几间房子，开办了一家私人诊所，为贫苦的百姓治病。对那些特困的病人，她不仅不收费，还资助药钱。她说："我是中国大夫，救助中国人是我的义务。"许多被她救活的婴儿，他们的父母为表示对林巧稚的感激之情，把孩子起名为"念林"、"爱林"、"敬林"、"仰林"等。

解放后，在党的领导下她深入农村为百姓治病，经她手接生 5 万多婴儿出世，并与她的学生一起历时 4 年，于 1980 年 8 月完成了一部 51 万字的专著《妇科肿瘤》，填补了医学史上的一项空白。由于她在妇产科上的突出贡献，被选为中国科学院副院长和中国科学院第一位女学部委员（现称院士）。

科普事业的先驱高士其

高士其（1905—1988），福州人。他出生于书香门第。13 岁小学毕业考入清华留美预备学校（清华大学前身），经过 7 年学习，1925 年毕业。抱着"科学救国"的理想赴美留学。他认为当时中国很贫困，化学可以制造很多东西如粮食和衣服等。所以他在威斯康辛大学插班入化学三年级，学习无机化学。一年以后，即以全优的成绩毕业。正当准备在化学领域继续深造时，祖国传来瘟疫蔓延的消息，姐姐度平不幸死于流行疾病。他痛定思痛，认为当前最重要的是把祖国人民从疾病的死亡线上拯救出来，他决心走巴士德的道路，毅然转向细菌这一冷门。

1928 年，他在美国芝加哥大学医学研究院攻读博士课程，不幸在一次实验中，一个装有脑炎病毒的瓶子突然破裂。病毒通过他左耳耳膜进入小脑，破坏了小脑的中枢运动神经，造成终身无法治愈的残疾。脖颈僵直，眼球上翻，语言不清，双手颤抖。

归国后，他作为全国五个微生物学家之一，受聘于南京中央医院，担任检验科主任。但是他不愿与腐朽罪恶的官吏为伍、断然辞职，到上海参加陶行知发起的科学大众运动，编写《儿童科学丛书》。

1934 年，他发表第一篇科学普及作品《细菌的衣食住行》时，将原名“高仕錤”改为“高士其”，并郑重宣布：“去掉人旁不做官，去掉金旁不要钱”。这一声明成为他终身恪守不渝的誓言。从 1935 到 1937 年，他用颤抖的手写下了近百篇科学普及作品，并汇编成册：《我们的抗敌英雄》《抗战与防疫》《细菌与人》以及长篇连载《菌儿自传》等，在知识阶层和学生中广为流传。

抗日战争爆发后，高士其为追求真理，拖着半瘫的身体辗转数千里，从上海投奔延安。1939 年 4 月，高士其病情进一步恶化，毛泽东提议他去香港治病。不久，太平洋战争爆发，从此，他辗转于重庆、香港、九龙、广州、桂林、上海、台北等地，过着动荡不安的流浪生活，历尽艰辛和苦难。

新中国成立后，他从香港回到北京，负责领导全国科普工作，直到 83 岁离开人世为止。在长达 60 年的人生历程中，他一直瘫痪在轮椅上，仍拼搏奉献不止，写了数百万字，单是科普作品（含科学诗）就有 160 多万字。他逝世后，鉴于他一生的贡献，中共中央组织部认定他为“中华民族的英雄”。他的事迹，他的为人为文，堪称我们大家学习的楷模。

摘取数学皇冠上的明珠的陈景润

陈景润（1933—1996），福州人。他高中时听到沈元教授在讲哥德巴赫猜想的故事时说：“科学的皇后是数学，数学的皇冠是数论，哥德巴赫猜想则是皇冠上的明珠。”这话深深打动着陈景润的心，他决心学数学。

1950 年陈景润高中没有毕业，以同等学历考进厦门大学，攻读数学专业。1953 年他因成绩优异而提前毕业，分配在北京一所中学当老师。在一个偶然的机会他读到了华罗庚教授的名著《堆垒素数论》，开始潜心研读。厦门大学校长王亚南到北京了解到陈景润的情况，就设法把他调回母校，安排到图书馆当管理员，实际是让他有个安静的环境专心从事数学研究。陈景润不负所望，写出了数论方面的论文《他利问题》。把它寄给了中国数学研究所，得到了华罗庚教授的重视。华罗庚认为他有培养前途，建议调他到北京数学所当实习研究员，并在华罗庚指导下，攀登数学殿堂的顶峰。

陈景润吸取了前人的智慧，在前几代数学家已取得的成果：每一个大偶数都是一个素数和一个“素因子都不超6个的”数之和（1+6）推进到（1+4）和稍后（1+3）的基础上。他七易寒暑，推算的稿纸有6个麻袋，终于诞生了著名的论文：《大偶数表为一个素数及一个不超过二个素数的乘积之和》论证了（1+2）其中的定理被誉为“陈氏定理”。在1978年他出席了全国科学大会，直到生命终结之前，为中国科学院学部委员（院士）。

人们只看到陈景润手中的鲜花，却不知道他背后的艰辛。陈景润没有休息时间，他在掌握了英、俄两门外语的基础上，又自学了德、法、日、意和西班牙语。他的时间是以分秒计算的。有一次他的哥哥陈景桐到北京开会，约陈景润到所住的宾馆会面。陈景桐与朋友去登长城，因交通受阻未能准时回来。致使陈景润在宾馆等候半点钟，在这期间陈景润只得拿出带在身边的数学书来看。两个女服务员望着这位衣着朴素的客人窃窃私议：“你看他脚穿着不一样颜色的袜子的人，还能读洋文……”正在这时陈景桐回来了。陈景润给哥哥的见面礼是毫不客气的批评：“你浪费了我这么多时间，你知道我的时间是以分秒计算的吗?”陈景桐很了解弟弟的心情，急忙解释是交通所致，不是别的缘故，陈景润的脸色由阴转晴，兄弟二人这才亲热地诉说着思念之情。

著名化学家卢嘉锡院士

卢嘉锡祖籍福建永定县坎市乡，郑成功收复台湾后，卢嘉锡祖上举家迁往台湾，在赤坎楼对面安家落户。1896年中日甲午海战，台湾沦陷，曾祖父卢立轩不堪忍受异族统治，率领子孙到大陆定居厦门。1951年10月卢嘉锡在厦门出生。

卢嘉锡是世界驰名的化学家，曾任中国科学院院长，现任第三世界科学院副院长，是担任这一职务的第一位中国科学家。他一身辉煌，贡献很多，桃李满天下。最有代表性的是，1972年他与蔡启瑞唐敖庆两位教授共同组织了全国化学模拟生物固氮协作研究，使我国在这方面的基础研究较早的改变了空白局面。1973年，他和蔡启瑞教授分别提出了“固氮活性中心网兜模型（即福州模型Ⅰ、Ⅱ和厦门模型）推动了过渡金属原子簇合成化学、结构化学以及结构与性能关系的研究。这一成果获中国科学院1978年科技成果一等奖。

卢嘉锡还有许多感人肺腑的小故事。他最早在厦门大学念数学，后来在当时的理学院院长兼化学系主任张资珙博士的指导下，改念化学。张资珙教授告诉他，化学家的分子式是“C_3H_3”。具体地说，就是CleanHead（清醒的头脑）；CleverHands（灵巧的双手）；CleanHabit（清洁的习惯）。后来卢嘉锡在他的科学道路上，一直牢记张资珙教授的这一教导。同时，他也要求他指导下的博士生们也遵循着这三原则去从事科学研究。

卢嘉锡的父亲卢东启是一名执教严谨的教师，所以卢嘉锡幼时就打下良好的文化基础。11岁的卢嘉锡一下子就进入6年级，此后，连续跳级，13岁就考入厦门大学预科班。所以，厦大毕业还不到19岁的卢嘉锡留校任化学系助教。由于父亲去世，家庭经济拮据，他不得不去厦大附中兼课教数学贴补家用。

有一天，下课钟刚敲过，一个学生有意作弄这位年轻的老师，递上一张纸条说：“卢老师，这两道题，请你做做好吗？”卢嘉锡接过纸条很快就算出来了。但是，学生说：“卢老师，请一定用平面综合几何法。”卢嘉锡果然被难住了。一时间，校园里无人不知卢嘉锡被学生考倒的事。

后来，卢嘉锡在数学系资料室一册美国数学会会刊上查到，原来这是一道悬赏题目。后来有人答对了，答案登在会刊上。卢嘉锡就把它译成了中文，当面交给了那个学生，并告诉他查找的经过。

事隔多年，卢嘉锡从美国取得博士学位归来。有位朋友来找他，并告诉他就是当年曾考倒他的那个学生，想向他请教一个化学问题不知肯不肯接见？卢嘉锡听罢大笑说：“别说现在不会怪，就是当时也不会怪。闽南有句俗话，‘只有状元学生，没有状元先生’嘛！要是老师不希望学生超过自己，这个老师就该被‘打倒’。”这话使他的学生敬佩不已。

卢嘉锡教授已进入耄耋之年，仍是壮心不已，他为自己题写过一幅座右铭：“吾日三省吾身：为‘四化’大局谋而不忠乎？与国内外同行交流学术而乏创新乎？奖掖后进不落实乎？”作为已进入国家领导人行列的卢嘉锡教授所表现出来的科学家和教育家的风范，令人敬仰。亦是我们大家求学与做人的楷模。

明亮的文坛闽籍“四星座”

福建人杰地灵，自古以来出现过思想家、科学家、文学家和各种杰出人物。他们的业绩和创见，启迪着后人，对祖国的文明和人类的历史，做过重大的贡献。我们若不了解他们，就难以了解现在，也难以走向未来。

为了鞭策我们努力向前，今天从我国文学史上灿烂的星空，选择明亮的闽籍“四星座”来作简要介绍，期盼莘莘学子从中了解文明的历史足迹，从而激励自己茁壮成长的信心和勇气。

译著奇才林纾

林纾（1852—1924），近代著名文学家。原名林群玉，字琴南，号畏庐、冷红生。福建闽县（今福州）人。幼年孤苦，喜欢读书，经常买破旧的书籍不分白天黑夜苦读不懈。课余时间，经常到街上去逛书店，找各种各样的没有读过的书读。由于家境贫寒，买不起书，就常常带着干粮，在街头的书店里站着读书。他读书很专心，又有良好的理解力和记忆力，因此收获很大。有时，他为了读一本爱不释手的书，往往忘记了吃饭和休息，在书店里整整站上一天，直到把书读完才高兴地离开。

光绪八年（1882年），刚满“而立”之年的林纾中了举人。此后，他专心学习桐城派古人。戊戌变法前写《兴女学》《破蓝衫》等新乐府

50首，赞扬新学，抨击科举制度，具有维新派立场。尤其难能可贵的是，他自己虽然不懂外语，但专注而挚诚的与懂外语的人合作，用古文翻译作家小仲马的《巴黎茶花遗事》及其他外国小说170多种，刷新当时文坛，受到读者的欢迎，对当时的文学改良起着积极的作用。在译书过程，为了集中精力，充分利用时间，他闭门谢客，拒绝应酬，并在自己住宅的窗台、书架、炉灶、过道上，到处放置纸笔，随时将“外语通”的口述根据自己的记忆记录下来，并不断加以修改。在译著进程中，他越来越意识自己不懂外语的局限，于是虚心请求“外语通”赐教，力求对原文的翻译在“意译”的同时又不“走样”，使得他成为当时文坛享有盛名的“不懂外语的翻译家”。

晚年的林纾以清室遗老自居。他多才多艺，能诗善画。著有《畏庐文集》《畏庐诗存》和传奇、小说、笔记等多种。

拓展能手郑振铎

郑振铎（1898—1958），中国现代作家、文学史家、考古学家。笔名西谛、郭源新。福建长乐人。童年时，祖父、父亲相继去世，依靠母亲做杂工维持生活。1917年考入北京铁路管理学校。他为人朴实敦厚，从小勤奋好学。他把自己的学习经验归纳为两句话，这就是：“重视基础，注意拓展。”他认为，重视基础与注意拓展，这是相辅相成的两个方面。只有在基础扎实的前提下，才能战胜自己的弱点与知识缺陷，将知识与能力拓展开来，并提高到一个新的层次。要打好基础，就要重视积累，不积跬步无以至千里，不积小流无以成江海，知识与才干的基础就源于积累。在学习上他匠心独运，别具一格，平日能及时对知识查漏补缺，加强优势，补充不足，使自己的知识体系完备起来，在总体知识上达到新的高度。由于勤奋好学，知识渊博，他的工作适应性很强。1919 年他积极参加“五四”运动，并和瞿秋白等人创办旬刊《新社会》，1920 年他们又创办月刊《人道》，同年与茅盾、叶圣陶等人组织成立进步文学团体“文学研究会”，还与欧阳予倩等人组织“民众戏剧社”，并编辑出版戏剧刊物《戏剧》。1921 年年初，郑振铎毕业于铁路管理学校，由茅盾介绍到商务印书馆编译所工作。他在编辑工作中体会到，当合格的编辑还需多读书，加强学识修养。他每到一地，都很爱书店。他的书房堆满了书。更有不少新老朋友不时将他们的新作寄给他，对此他深为高兴。创办的儿童刊物《儿童世界》、主编的《小说月报》、主办的《公理日报》很受读者欢迎。

他热爱祖国、关心人民，积极投身革命。1927 年周恩来领导上海工人三次武装起义时，他和胡愈之、叶圣陶等人组织上海著作人公会，积极参加临时革命政权组织“上海市人代会议”的活动，同年 5 月被迫远走欧洲，直至 1929 年年初回国。回国后，先后在燕京大学和清华大学当教授，同时主编《文学》月刊、《文学季刊》。1934 年到上海，任暨南大学文学院院长，同时为生活书店编辑《世界文库》。1938 年 3 月参加中国文艺界抗敌协会。抗战胜利后，国民党对他加以迫害，指令各大学不许聘请他教书，但他不屈不挠，坚持斗争。1949 年他秘密绕道香港，到北京参加第一届政协会议。

中华人民共和国成立后，历任中央文化部文物局长。兼中国科学院考古研究所所长、中国文学艺术界联合会主席团委员、中国作家协会理事、文化部副部长、中国科学院学部委员等重要职务，并多次出国访问。1958 年 10 月 17 日不幸因飞机失事而西归，享年 60 岁。他的重要著作有：《中国文学史》《中国俗文学史》《近百年古城古墓发掘史》《基本建设与古文物保护工作》；《中国文学论集》《郑振铎文集》；译作有《血痕》《灰色马》等。

心慈文美的才女冰心

冰心（1900—1999），我国现代著名女作家、儿童文学家、文学翻译家。

她一生喜爱玫瑰花。还在童年的时候，她读《红楼梦》，看到小厮兴儿形容探春的传神句子：“三姑娘的混名儿叫‘玫瑰花儿’，又红又香，无人不爱，只是有刺扎手……”从此，她就对这种浓艳而又有风骨的花，十分喜爱。20 年代末期，冰心与吴文藻教授（人类学家）结婚，有了自己的家，就在廊前种了德国种的两行白玫瑰，花开得很大朵，花期又长，家中的花瓶里常有鲜花供养。她不仅自己享用，还馈赠朋友，送给在学校附属医院里养病的学生。

冰心自幼年时代就广泛接触了中国古典文学作品。1914 年她在北京贝满女中学习，“五四”运动爆发时，在协和女子大学预科学习，被选为学生会文书，参加了学生运动。在革命潮流影响下，为了探索人生的道路，暴露社会的黑暗，开始了以社会、家庭、妇女等人生问题为主题的问题小说的创作，如《两个家庭》《斯人独憔悴》等，就是属于这一类的作品。她也写诗，诗集《繁星》《春水》，除表现母爱外，还记录了她零星的感受和遐想，文笔隽逸，艺术精巧。1921 年她参加茅盾、郑振铎等人发起的文学研究会，努力实践“为人生”的艺术观点。1923 年，她赴美国留学，专门研究文学，同时把在旅途和异邦的见闻写成散文寄回国内发表，结集为《寄小读者》，在当时影响较大。冰心在文学创作中，以散文的成就最大，她自己说过：“我知道我的笔力，宜散文而不宜诗。”她的散文写得细腻、柔和、委婉、清丽，使她蜚声海内外。她擅长将明白晓畅的白话文和简洁凝炼的文言文交替在一起使用，来抒写生活中一刹那的景象和心灵中细腻澄澈的情思；又工于编织传神的奇思妙想的彩网，来构思篇幅短小、含义深广的篇章。她以女性的深情，写大海，写明月，写童心的天真，写母爱的伟大，是新文学运动中的一枝琪花瑶草。她不但努力于域外文学的介绍，更专注于本土古典美学的重建。她是第一个把传统的“孝”字，从旧的伦理道德的桎梏中解放出来，纳入人性范畴去考察的人。当代著名散文家忆明珠是这样评价的：“冰心与鲁迅都是近代必不可少的思想启蒙的先躯，两者应是互补而不是对立。”

抗战期间，冰心住在重庆，用“男士”的笔名写散文。抗战胜利后，随丈夫到日本。1947 年与郭沫若等人出版小说合集《可纪念的朋友们》。1947 年至 1951 年春，曾在东京大学新中国文学系任教。1951 年秋回国后，仍致力于创作。除写作外，她还积极参加社会活动，曾 12 次出访日本、英国、法国、意大利、瑞士、埃及等国，为促进国际间的友谊和文化交流做出了贡献。同时，还任中国文联委员、中国作家协会书记处书记，并被选为一至五届全国人大代表，第五届全国政协常委。1978 年人民文学出版社出版发行她的儿童文学作品集《小桔灯》，后来又出版了《樱花赞》，这两部作品可视为鲜明体现冰心散文风格特色的代表作。

附 录

闽籍中国科学院院士名录

数学物理学部：

姓名	籍贯	生年	专业或专长	工作单位及职务职称
张钰哲	闽侯	1902	天文学家	中科院紫金山天文台台长、研究员
张文裕	惠安	1910	高能物理学家	中科院高能物理研究所所长、研究员
王绶琯	福州	1923	天文学家	中科院北京台名誉台长、研究员
沈 云	福州	1916	空气动力学专家	北京航空航天大学名誉校长、教授
陈 彪	福州	1923	天体物理学家	中科院云南天文台名誉台长、紫金山天文台研究员
陈景润	福州	1933	数学家	中科院数学研究所研究员
林同骥	福州	1918	空气动力学专家	中科院力学研究所研究员
谢希德（女）	泉州	1921	固体物理学家	上海复旦大学物理系教授
陈建生	福州	1938	天体物理学家	中科院北京天文台研究员
王乃彦	福州	1935	核物理学家	中国原子能科学研究院研究员
林 群	连江	1935	数学家	中科院系统科学研究所副所长、研究员
周 恒	浦城	1929	流体力学家	天津大学研究生院院长

续表

姓名	籍贯	生年	专业或专长	工作单位及职务职称
刘应明	福州	1940	数学家	四川联合大学副校长
化学部：				
卢嘉锡	厦门	1915	化学家	中科院特邀顾问、福建物质结构研究所名誉所长、研究员
庄长恭	泉州	1894	化学家	中科院有机化学研究所所长
傅　鹰	福州	1902	化学家	北京大学副校长、教授
虞宏正	闽侯	1897	化学家	中科院西北水土保持生物土壤研究所所长、研究员
蔡镏生	泉州	1902	化学家	吉林大学化学系教授
卢佩章	永定	1925	化学家	中科院大连化学物理研究所研究员
田昭武	福州	1927	物理化学家	厦门大学化学系教授
陈茹玉（女）	闽侯	1919	化学家	天津南开大学元素有机化学研究所教授
黄维垣	莆田	1921	化学家	中科院上海有机化学研究所研究员
蔡启端	同安	1913	化学家	厦门大学化学系教授
张乾二	惠安	1928	化学家	厦门大学化工学院院长、教授
陈俊武	长乐	1927	炼油工程专家	中国石化洛阳石油化工工程公司高工兼任东化工学院和郑州工学院教授
林尚安	永定	1924	高分子化学与物理学家	广州中山大学分子研究所教授
黄本立	厦门	1925	化学家	厦门大学教授
梁敬魁	福州	1931	生物化学家	中科院物理研究所研究员
生物学部：				
王应睐	金门	1907	生物化学家	中科院上海生物化学研究所名誉所长、研究员

续表

姓名	籍贯	生年	专业或专长	工作单位及职务职称
邓叔群	福州	1902	真菌学家	中科院微生物研究所副所长、研究员
刘崇乐	福州	1900	昆虫学家	中科院动物研究所研究员
林巧稚（女）	厦门	1901	妇产科专家	中科院副院长、首都医院妇产科主任
王善源	福州	1907	微生物学家	中科院流行病学微生物研究所研究员
刘思职	仙游	1904	生物化学家	北京医学院教授
王世真	闽侯	1916	原子核医学家	中国医学科学院首都核医学研究中心主任、教授
郑作新	长乐	1906	鸟类学家	中科院动物研究所研究员
唐仲璋	福州	1905	寄生虫学家	厦门大学生物系教授
黄祯祥	厦门	1910	病毒学家	中科医学科学研究所名誉所长、研究员
曾呈奎	厦门	1909	海洋生物学家	中科院海洋研究所名誉所长、研究员
庄巧生	闽侯	1916	作物遗传育种学家	中国农科院作物育种栽培研究所研究员
吴孟超	闽清	1927	肝胆外科专家	第二军医大学肝胆外科研究所所长、教授
陈可冀	福州	1930	中医及中西医结合学家	中国中医研究院西苑医院研究员
陈宜瑜	仙游	1944	鱼类学、动物分类学专家	中科院副院长、研究员
施教耐	晋江	1920	植物生理学家	中科院上海植物生理研究所研究员
唐崇锡（女）	福州	1929	寄生虫学家	厦门大学生物系教授
谢联辉	龙岩	1935	植物病理学家	福建农业大学植保系主任、教授

续表

姓名	籍贯	生年	专业或专长	工作单位及职务职称
地学部：				
傅承义	闽侯	1909	地球物理学家	中科院地球物理研究所名誉所长、研究员
卢衍豪	永定	1913	地层古生物学家	中科院南京地质古生物研究所研究员
高由禧	福清	1920	气象学家	中科院兰州高原大气物理研究所名誉所长、研究员
曾融生	福清	1924	地球物理学家	国家地震局地球物理研究所研究员
陈运泰	厦门	1940	地球物理学	国家地震局地球物理研究所所长、研究员
黄荣辉	惠安	1942	气象学家	中科院大气物理研究所研究员
技术科学部：				
叶渚沛	厦门	1902	化工冶金专家	中科院化工冶金研究所所长、研究员
严　恺	闽侯	1912	水利和海岸工程专家	河海大学名誉校长、研究员（双院士）
侯德榜	福州	1890	化工专家	化学工业部副部长、一级工程师
陈宗基	安溪	1922	岩土力学、地球动力学专家	中科院地球物理研究所所长、研究员
林兰英（女）	莆田	1918	半导体材料专家	中科院半导体研究所研究员
郭可信	福州	1923	物理冶金、晶体结构学家	中科院北京科学仪器研制中心研究员
高庆狮	漳州	1934	计算机专家	北京科技大学智能、语言与计算机科学研究所所长、教授
梁守永	福州	1916	航天工程技术专家	航天工业总公司高级技术顾问、教授

续表

姓名	籍贯	生年	专业或专长	工作单位及职务职称
蔡其巩	泉州	1932	金属学、断裂力学专家	冶金工业总公司钢铁研究总院高工
王启明	晋江	1933	半导体电子学家	中科院半导体研究所所长、研究员
卢肇钧	福州	1917	土力学及基础工程专家	铁道部科学研究院研究员
闵桂荣	莆田	1933	工程热物理学及空间技术专家	中国空间技术研究院研究员(双院士)
林秉南	莆田	1920	水利及河流动力学家	水利电科学研究院名誉院长、高工
阙端麟	福州	1928	半导体材料专家	浙江大学材料系教授
张　钹	福清	1935	计算机专家	清华大学计算机系教授